阅读成就思想……

Read to Achieve

BUILT FOR GLOBAL

NAVIGATING INTERNATIONAL
BUSINESS AND ENTERING NEW MARKETS

企业国际化之道
来自硅谷的海外拓展策略

［美］ 罗伯特·帕尔斯坦（Robert S. Pearlstein）
珍妮特·格雷戈里（Janet A. Gregory） 著

崔增娣 蒋兰 徐鹏 译

中国人民大学出版社
· 北京 ·

图书在版编目（CIP）数据

企业国际化之道：来自硅谷的海外拓展策略 /（美）罗伯特·帕尔斯坦（Robert S. Pearlstein），（美）珍妮特·格雷戈里（Janet A. Gregory）著；崔增娣，蒋兰，徐鹏译 . — 北京：中国人民大学出版社，2018.10

ISBN 978-7-300-25411-1

Ⅰ . ①企… Ⅱ . ①罗… ②珍… ③崔… ④蒋… ⑤徐… Ⅲ . ①商业史—研究—世界 ②工业史—研究—世界 Ⅳ . ① F731 ② F419

中国版本图书馆 CIP 数据核字（2018）第 006328 号

企业国际化之道：来自硅谷的海外拓展策略

[美] 罗伯特·帕尔斯坦（Robert S. Pearlstein）   著
      珍妮特·格雷戈里（Janet A. Gregory）

崔增娣　蒋　兰　徐　鹏　译

Qiye Guojihua zhi Dao: Laizi Guigu de Haiwai Tuozhan Celüe

出版发行	中国人民大学出版社
社　　址	北京中关村大街 31 号　　　　　　**邮政编码**　100080
电　　话	010-62511242（总编室）　　　　010-62511770（质管部）
	010-82501766（邮购部）　　　　010-62514148（门市部）
	010-62515195（发行公司）　　　010-62515275（盗版举报）
网　　址	http://www.crup.com.cn
	http://www.ttrnet.com（人大教研网）
经　　销	新华书店
印　　刷	天津中印联印务有限公司
规　　格	170mm×230mm　16 开本　　　**版　次** 2018 年 10 月第 1 版
印　　张	14.25　插页 1　　　　　　　　**印　次** 2018 年 11 月第 2 次印刷
字　　数	160 000　　　　　　　　　　　**定　价** 59.00 元

Contents 目 录

第3章

**寻觅登山
向导**

第4章

建立信任

第5章

**打算进军
全球吗**

引言

企业国际化之道

坦白来说，亚历克斯（Alex）根本不想被选中。实际上他都不知道这是怎么回事儿，但是事实就摆在眼前。这难道是上天的考验？这件事可能会很棘手，但也确实令人兴奋。

每年 TolpaTek 公司都会制订一个详细的年度计划和一个三年展望。在这份商业计划中公司总会提出一两个新的挑战或制定几个延展性目标，包括：业绩的增长、人才的利用、项目的研究与开发、新市场的开拓、新产品的发布、利润率的提高，或者一些其他的发展目标。而今年的挑战是带领公司走向国际市场。

经过持续健康的发展，TolpaTek 公司已经拥有强大的客户群。其业务遍及全美，在加拿大的几个省中也有涉足，甚至在其他国家也有一部分客户群体。因此，对 TolpaTek 公司而言，在美国拓展业务相对容易，先进入新的地区市场，而后拓展到新的行业。尽管 TolpaTek 公司拥有强大的竞争力和稳固的市场份额，仍然在不断提升自己。无论是公司首席执行官史蒂夫（Steve）还是执行副总裁亚历克斯，都坚信公司一定能够实现并且超越预期目标。

国际市场为 TolpaTek 公司提供了发展空间和上涨潜力。公司已在加拿大取得了成功，但是公司的发展并非一帆风顺，在北美以外区域的业务增长一直不太稳定。

公司的商业规划过程分为几个月，以最大限度地减少业务中断，也为管理层论证新思路留出了时间。整个管理团队都参与了规划过程：工程部、营销部、人力资源部、生产部、销售部和财务部等部门的负责人进行了共同商议。

管理团队以极高的热情来迎接新的国际前景。确实如此，尽管 TolpaTek 公司已经在美国以外做生意了，但还没有找到真正的重点或目标。现在，整个团队的焦点话题就是企业国际化，成为一家跨国企业！

在一次非现场计划会议结束时，其他高管们拍着亚历克斯的肩膀，对公司开拓全球市场的前景各抒己见。有的人热情高涨："你已经带领公司走上了全球增长的轨道。"有的人打趣道："一旦你成了跨国公司的领导，还会像之前那样不摆架子地同我们这些下属聊天吗？"也有一部分人内心战战兢兢，为公司的未来担忧："这次国际转型将会从公司的核心业务带走宝贵的资源。"

但是有一点，亚历克斯很清楚，自己被贴上了一个标签："成败就靠你了。"

亚历克斯肩负成功带领公司走向国际市场的使命。这一使命让人既兴奋又担心。亚历克斯过去的主要精力一直放在美国业务上。现在，他面临的首要的问题就是："我该从哪儿开始？"

最新商业实况

根据预测，到2020年，世界上95%的中产阶级消费者将来自美国以外。因此，美国经济未来势必依靠全球经济，这一点毋庸置疑。比这一庞大数字更重要的是拉文（Lavin）和科汉（Cohan）在《现在出口》（*Export Now*）一书中提到的近几年加速改变全球经济的三大主要因素：

1. 全球出现30亿新的消费人群；
2. 远距离的消失（地球村的出现）；
3. 贸易壁垒的减少。

如果这些还不够的话，依据皮尤研究中心（Pew Research Center）的调研，到2050年全球人口版图会出现一些更为惊人的事实：

* 据预测，世界人口会上升至93亿；
* 印度和中国（将成为全球第一和第二人口大国）的总人口将占全球人口的1/3；

3

* 尼日利亚将取代美国成为世界第三人口大国。

要想在海外市场上取得成功无疑难上加难。

在为许多位于加利福尼亚州硅谷的高科技公司工作了 20 多年后，我们发现很多企业在创新和创业方面实力雄厚，但它们在国际化和成功开拓新市场方面的能力仍显不足。它们进入新的国际市场的过程通常不是因为积极开拓或者全方位的战略布局，而是事后的反应或是仓促的决定。

为什么多数企业不积极主动地开拓国际新业务呢？

在过去的 50 年中，美国经济一直平稳增长。即使有些波动，美国仍然是全球最大的市场之一。而进军海外市场不仅艰难，而且有风险。显然，在一个文化、习俗、语言、法律和货币都相同的地方做生意会比较容易。许多企业如果只在美国开发市场的话，是能够成功生存下来的，并且还会取得良好的发展。如果你只想成为一家中小型企业，完全可以在美国过着小富即安的日子。

但是，世界已经变了。

我们必须清醒地面对新的经济现状。企业要想取得长远的成功，必须放眼于美国之外的海外市场。我们身处经济全球化的浪潮之中。新的经济现状是，企业不能单单依靠美国的经济增长。美国不是唯一有机会的市场。现在，美国的经济增长速度也在放缓。当然，不可否认美国经济总量仍然庞大，美国仍是全球最大的经济体之一，它也仍然是施展个人价值和才华的不二选择。美国市场仍然可以成为你的实验室。

但是，单单依靠美国经济规模和速度的增长来让企业生存和繁荣的时代已一去不复返了……

今天和过去有什么不同？

拉文和科汉说出了三点不同。

第一，30 亿新的消费者的出现反映了 30 年来世界经济变革的成果。在这 30 年内，中国和如今的印度已走向市场经济的轨道，其中产阶级也在不断壮大。随着这一趋势的发展，并受其影响，市场开始趋向合理化和规范化。以前没有加入全球化浪潮的国家现在也已经融入其中（如拉丁美洲、中欧和俄罗斯）。因此，地球上的经济人口在一代之内已经翻番了。

第二，远距离的消失是指地理位置曾作为一种商业限制而迅速衰落。货物、人才和思想在世界各地迅速流动且成本低廉。曾经只能在一个地方进行的商业活动现在可以分散在世界各地进行。互联网、手机和网络摄像的出现促进了通信成本的迅速降低。全球快递、物流一体化、集装箱航运、低廉飞机旅行的出现，导致运输成本大幅下降。如今货物和思想在世界各地的流动比历史上任何时期都要便宜和迅速。

第三个主要因素是关税和贸易总协定、世界贸易组织，以及国内发展所推动的贸易壁垒的持续减少。目前，全球已生效的自由贸易协定多达 600 多个。现在在另外一个国家开展业务和使用不同的货币做生意更为容易。

为什么要关注海外市场？

海外市场不断壮大，显示出了巨大的潜力。更重要的是，你的竞争并不是坐享当前的荣誉。或许美国的企业不应该仅仅关注来自中国、巴西和印度的企业的竞争，还应该关注新加坡、以色列、芬兰和智利等地的企业。这些小国家正在积极开拓海外市场。它们放眼境外，寻求扩张，渴求发展，非常有竞争力，为在全球经济中分一杯羹而投入巨资。例如，对芬兰的企业而言，进入美国的市场，就像去瑞典或丹麦这样的邻国市场一样简单。

从多方面考虑，企业在创业或推出新产品时考虑国际市场和全球市场是十分必要的。不考虑海外市场是目光短浅的表现，也存在着风险。如果你就职于科技行业——无论是生物技术、清洁技术还是高科技领域——你就会明白你的竞争对手正在投资全球市场。

为何要读本书

企业想要蓬勃发展，就必须放眼全球。我们的商业视角不能仅仅局限于简单的收入和利润，而是需努力建立具有全球化视野的经营原则。

企业需要积极开拓，进入新的国际市场。而本书的目标就是为读者开拓国际业务，进入新市场提供基本的运作原则。

本书为那些需要在新市场中竞争并想要赢得一席之地的企业提供了良好的实践工具和践行方法。本书旨在帮助中小企业的领导者或大企业的部门领导进入国外市场，并实现销售额的实际增长。本书将教你：

* 有目的地传达价值；
* 用最佳的方法分步骤承担预期风险；
* 利用登山向导在驻地国（指企业业务新进入的国家）搭建关系网络；
* 建立一种互信的氛围。

本书将帮助企业打造全球化的经营原则，并通过卓越的价值理念迅速地打开成功之路；帮助企业消除或降低可能的障碍和风险，并利用国内卓越的团队加速进入市场。

本书还为企业提供了评估成功能力的工具。在本书中的关键章节的最后附有一个自我评估的工具。利用这个工具，企业可以进行自我评估，从而发现企业自身需要加强的薄弱领域和值得投资的优势领域。将这些工具请你公司的其他同事进行评估，你将拥有更多的见解，更完整的视角，并为你们进行有意义的对话提供素材。

另外，本书还能够帮助你：

1. 选择合适的市场；

2. 确定最合适的时机进入新市场，匹配供应与需求；

3. 通过减少投机和了解潜在风险，为做出正确的投资决策做准备；

4. 充分利用登山向导的知识经验赢得最优的细分市场；

5. 利用合适的团队选择最优行动方案。

每家企业都可以走上国际化之路——难的是同时保持高标准和高利润。本书是企业开展国际商务的必备手册。它将引导企业在新的国外市场寻找、挖掘并赢得合适的客户，同时为企业创造价值、降低风险、寻求指导以及建立与客户之间的信任。

全球化视野的操作原则将会帮助你和你的企业更加了解国外市场和同行。这种了解将会在企业与海外市场之间创造一种相互依赖的关系，从而帮助你们实现最终目标：更高的市场占有率、收益和盈利。

国际扩张悖论

企业在进军国际市场的时候，一定要尽力克服一个悖论：盲目成功。一家企业在没有充分理解原因的情况下在本地市场获得很大成功是很常见的——这就叫作盲目成功（瞎猫碰到死耗子）。很多优质企业掌握了一套销售某类产品的活动套路，在本地市场就可以获得巨大成功。这样的结果其实是自然发展而来的：靠的是生产、销售以及企业多年累积的名声。然而不幸的是，这一套却不适用于进军新市场。

为了确保进入新市场并获得成功，企业必须要有策略地扩张。企业不能依靠自然发展，也没有时间一步一步地解决问题。企业必须在短时间内解决问题并取得最大的成效。在本书的帮助下，企业可以避开"盲目成功"的陷阱，因为那只会让企业"盲目失败"。针对企业进军新的国外市场，本书谈及了以下四个应注意的重要问题。

1. **价值**。如果一项业务不能增加价值，那就不值得做。贵公司以及贵公司的产品能否在新的市场立足？贵公司能给新市场及其客户带来什么价值？驻地国客户会从贵公司购买产品吗？贵公司的产品和服务能否以一种有意义的方式实现本土化？贵公司的价值何在？除了带来收入和利润之外，开发新的国际市场对贵公司还有什么别的好处？我们将会在第 1 章中探讨这些问题以及许多其他问题。

2. **风险**。每一次商业尝试都是有风险的。作为企业的领导者，如何为企业降低进军新国际市场的风险？应当主要评估哪些关键因素？哪些因素将最有可能助力或阻碍企业的成功？有时候，对于一些重要的节点，你需要决定"做/不做"，这很重要。新的市场中的客户是否存在风险？贵公司的产品是否符合当地文化和经营理念？我们将在第 2 章中教你如何降低风险，并在第 5 章中讨论其他应当的考虑因素。

3. **向导**。每个成功的登山者都知道，攀登一座具有挑战性的陌生山峰时，找到了解地形的登山向导是至关重要的。当企业进入一个陌生国家时，我们建议企业寻觅熟悉该国情况的专业人士作为企业的登山向导。这个向导可以帮你在当地牵线搭桥，打开门路，疏通各种关系，从而建立企业的自信心。如何找到这位登山向导呢？和这位向导的最佳合作方式是怎样的？我们将在第 3 章中介绍不同类型的登山向导以及与其合作的最佳方式。

4. **信任**。无论是在生意场上还是个人生活中，没有信任，一段关系不可能长久。当你带领企业进入新市场时是否得到了企业的支持和信任？企业的内部资源要么助你一臂之力，要么会拖你的后腿。企业和潜在客户建立信任的概念验证（Proof of Concept，PoC）[1]策略是怎样的？我们将在第 4 章中，揭秘与本国同事以及国外新客户建立信任的重要因素。

进入新的国际市场所花费的时间应该比你预期的要长。如今在美国，生意

---

① 指在产品的研发阶段对某些想法的一个不完整的实现，以证明其可行性，示范其原理，其目的是为了验证一些概念或理论。——译者注

在很大程度上以结果为导向。在一个新的国家实现价值、建立信任不是一蹴而就的,需要花很多时间,有时需要花数年的时间。在"登山向导"的引领下,企业将能够取得短期的进步并看到结果,但是真正的成功一定是来源于长期的投入。作为管理者要有心理准备,这个过程将很耗时。因此每取得一点进步,都值得庆祝。这需要你付出长期的努力。

减速带、障碍和加速器

在你判断哪些因素将影响你进入新市场的时候,想想每一个因素的作用。这些因素可分为三类:减速带、障碍、加速器。有些因素可能不能简单定性为其中一类,它们会随着时间发生变化,因此决策者不要优柔寡断:判断它们的主要影响是什么,从而建立最佳战略。

如果你不能判断某个因素对你进入市场的影响,就不能做出相应的行动计划。你应该抓住并利用机会,将威胁最小化。

马路减速带是用来降低速度的。你看到路上有减速带的标志时,这就代表你应该放缓速度,也就是说如果你意识到这个因素是减速带因素时,它可能会减缓你进入新市场的速度。你需要知悉这些因素并做出计划,从而解决这类因素带来的影响。减速带大多是中立因素,但是当你把产品带到一个新的国家的时候,仍然需要花时间和精力理解这些因素。文化和商业惯例是常见的减速带因素。在第3章中,我们将教你如何通过寻觅登山向导来消除潜在的减速带因素。这样一来,减速带就极有可能转变为有力量的加速器。在第4章中,我们将就如何把国内团队和早期客户从减速带因素转变为加速器因素提出建议。

障碍会阻止或拖缓进步。找出"障碍"因素,也就是那些如果处理不当,

就会妨碍企业进入新市场或是造成企业入市长时间延缓的因素。识别这些因素并制订应对计划来降低或根除这些障碍因素至关重要。企业处理并应对这些消极因素需要耗费时间和精力。例如监管要求、法律条件、政治不稳定等都是常见的障碍因素。在第 2 章中，我们将帮你整理出可能出现的障碍因素，并分析如何绕开这些障碍因素。

加速器因素能够帮助企业推进在当地的业务进程。在本书中，你将看到这个火箭飞船的标志，它代表的是你想去抓住并利用的机会。加速器因素会让企业的业务进程加快，为企业提供捷径，并减少障碍。如果能够理性地识别这些因素，那么这将是能够促进并协助企业发展的优势因素。只要企业投入时间和精力就能够将它们的价值发挥到最大。

企业如果抓准时机，经济和市场趋势将会是非常有利的加速器因素。当地政府的激励政策也将对业务大有裨益。在第 1 章中，我们将帮助你快速识别这些加速器因素，并将这些加速器因素与企业的产品供应匹配。

莫让"忧思恐"成为拦路虎

很多企业迟早都会有这样的问题："我们是否应该走向国际？"我们居住在加利福尼亚州的硅谷，这里聚集了各类商业精英。这里的企业众多，规模从初创企业到大企业都有，企业的成熟度和阶段也不尽相同，行业更是遍及各行各业。但是每一次商业会话必然会以全球视野去讨论问题：国际机会、世界经济问题、全球产业趋势、跨国企业问题等。

跨国事业的热情和乐观过后，随之而来的往往是对走出国门的恐惧、迟疑和怀疑。

畏惧失败

"如果我们失败了怎么办？如果事情进展不顺利，这可能会对我们的品牌造成长期的负面影响。"本书的第 1 章和第 3 章将告诉你如何面对失败的恐惧。如果企业能够和一名卓越的登山向导建立互信，并能传递非凡的价值，那么企业失败的可能性将大大减小甚至消失。

代价高昂

"我们没有这笔钱。""这将分散公司资源。""价格和利润是个问题。"在任何新的尝试中想要取得成功，一定要愿意投入时间和资源，这一点十分重要。为了投资回报的价值最大化，识别风险并降低风险十分重要，我们将在第 2 章中谈及这些内容。

畏惧变化

"在美国这个生意好做吗？""我们的员工（或客户）对我们的商业模式满意吗？"改变是困难的。没有正确的技巧和优秀的团队合作，进入未知领域是可怕的。第 4 章聚焦于如何在母国和驻地国之间建立起必胜的技能结合与团队合作，并且处理好与客户的关系。

持续观望

"时机不对。""我们在很认真地思考这个问题，但是什么都没做。""我们过几年再去探讨这个问题。"如果企业能够带来卓越的价值，风险也在可控制范围之内，还有一名有才干的登山向导、一个值得信赖的当地团队，你将会迫不及待地想要尽早进入新的国际市场！

用 4C 原则取代"忧思恐"：通过交流沟通（communication）、协商一致（consensus）、通力合作（collaboration）、权责清晰（clarity）来实现另外 3 个 C 的目标：冷静（calm）、自信（confident）和坚定（conviction）。在本书的帮

助下，企业将在新的国际市场中取得成功。

另外，本书中详述的商业模式是以实力为基础的：建立强有力的价值主张，在充分理解新市场影响因素的前提下降低风险，寻觅一名百事通登山向导，以及信任团队的力量。

罗伯特和珍妮特与国际商务的机缘际遇

一个在纽约皇后区长大的孩子是如何成长为一名国际商务人士的？我们将要认识的是一个在 19 岁之前还没有坐过飞机的人。

大家好，我是罗伯特（Robert）。当我还是个瘦弱的孩子时，住在纽约皇后区牙买加国际村，也就是在那时，我和全球商业现状结下了不解之缘。我的父母都是辛勤工作的纽约人。我的祖父母来自今天的白俄罗斯共和国。我的父母是在美国出生的，所以他们是第一代美国移民。而我就是一个普通的美国人。

在皇后区生活就如同在国外生活一样。皇后区是世界上种族多样性最丰富的城区之一。48% 的皇后区居民在国外出生，他们来自 100 多个民族，说着 130 多种语言。在我眼中，他们都是我的朋友、哥们儿、体育场上的对手。因此我知道，如果拥有一支具备多种技能和能力的团队，没有什么是不可能的。

大学毕业的时候，我不太确定自己想要做什么，或往哪个方向发展。我参加了日本招聘公司组织的一场贸易展，尽管我的日语不是很好，但还是拿到了一个工作机会。潜移默化中，我学到了日本文化中的一个概念“我会加油的（gambarimasu）”，它的意思是去尝试，去尽最大的努力，不要放弃。

我在日本工作了三年半，之后回到美国读完工商管理学硕士课程再开始找工作。我在一家风险投资初创企业找到了一份工作。这家企业对自己的定位是做跟随时代潮流的企业。跟随这种大趋势既令人兴奋又有风险，但是却从根本上能够让企业迅猛发展。在创业初期，我们就带领这家企业走向国际化，而我协助了其在海外建立销售渠道。

自那时开始，我便开始了一系列的国际商务实战。下一站就是加利福尼亚州硅谷的初创企业。我当时是一名高级渠道开发经理，也就是在那里我遇到了珍妮特（Janet）。这家企业十分被动，它们似乎没有什么计划，但是有很多来自各地的问询和电话。于是我成了空中飞人，追逐着任何一个美国之外的机会和线索。我们在本书第 2 章中谈到了在进入国际市场时，调研和验证策略的可行性的重要性。

之后，我所做的每一份工作都具有国际元素。我拥有帮助美国企业进入遍及五大洲和 20 多个国家的国际市场的良好业绩。

罗伯特已经带领五家企业进入国际市场。有趣的是，这五家企业构成了非常有趣的组合，上市企业、私人企业、非营利机构，规模和成熟度也各不相同，有大型上市企业，也有处于早期的初创企业。今天，罗伯特是一家大型非营利性研发企业负责全球合作伙伴关系拓展业务的副总裁。

作为一个在美国中西部玩玉米田游戏的孩子，珍妮特是如何成长为带领两家企业走向国际的商业精英的？让我们来看看她的故事。

大家好，我是珍妮特。我能进入国际商务行业也是机缘巧合。我想可能这么说比较好：我的头被馅饼砸到了，还不止一次。之前我的专长是开发美国市场。美国市场内部还有许多细分市场，我发现了打入不同市场之间的细微差别，非常有趣。美国的机会很多，因此我觉得没有必要放眼国外。直到被国际机会砸中，我才开始注意国际市场的情况。

我在伊利诺伊州芝加哥西北边的一个小镇出生并长大。

我的童年平淡无奇。高中的时候，因为父亲的工作变动，全家搬到了华盛顿特区，于是我就来到了首都这个大熔炉。

大学毕业之后，我来到了西部，在加利福尼亚州北部的硅谷中心扎了根。我进入了科技行业，从事的都是直面客户的销售、营销、客户服务等工作。在那里我学到了一点：每一次赋予价值的努力都增加了成功的可能性。

两家企业的成功鼓励我进行了一场大冒险——成立我自己的企业！名义上我是企业的销售副总裁。跟大多数初创企业一样，其实我的工作集销售经理、销售代表、销售运营和培训于一身。我知道，第一批客户比金子还要珍贵。他们认可了我们的愿景，也检验了我们的商业模式、定价和价值主张。在第4章中，我们会讨论挖掘第一批客户以及抢占阵地的重要性。

之后，我再一次被国际机会砸中。之前我的重心全部在美国：我想创建一个大型的、盈利的本土企业。当时我的一些客户是大型跨国企业及国际企业，它们想要在欧洲和亚洲建立网络。就这样，我们的客户把我们介绍给它们信任的合作伙伴，这样一来，我们就建立了多方面多维度的信任。

我的第二次崛起可以说是一次大转变或者重新开始。因为掌握了正确的时机，我们的企业很快获得成功。我又一次发现了国际机会。至少这一次，我意识到了所发生的事情。来自全球的问询铺天盖地而来。于是，我们共同成立了一家咨询公司。就是这样的工作经历，让我特别想要帮助企业客户找到它们的新市场和新客户。

珍妮特在创立咨询公司之前曾帮助三家企业走向国际市场。现在，她全身心投入到帮助企业进入国际市场并进行战略扩张的工作中。

自我评估：连点成线

本书旨在成为实用的向导。我们了解到，可能贵公司的业务具有独特性，所以在主要章节的结论处，本书会教给你如何针对企业的独特性去应用这些关键的概念。这将帮助你整理出最重要的概念，从而在业务中分清优先次序，轻重缓急。自我评估能够帮助你在寻求进入新市场时弄清楚企业自身所处的境地。

在第一次自我评估中，要学会连点成线。你阅读此书是因为贵公司想要发展国际业务和开拓国际市场。要学会把点点滴滴积累起来开始创业，积累你手头已有的资源，从而将这些和贵公司的国际资源联系在一起。

联结以下点式分列项与企业业务全球化需求。弄清楚企业走向国际的动机。

* 国际市场扩张是源自内部驱动还是因为有了来自外部的问询？
* 你们已经在本国之外的哪些国家做这项业务了？
* 你们的目标是哪些国家？为什么？请逐一说明理由。

联结以下点式分列项与可用的专业资源。你可以利用很多正式或非正式的资源。

* 贵公司现在能够挖掘什么专业优势？
  – 你们的董事会成员是否有人脉可以协助你们？
  – 目前公司是否有当地目标市场的员工？
* 除了你们公司之外，你们还有哪些专业资源？
  – 在你们的行业中，有哪些人正在目标市场活动，或者曾经在这个市场活动过？给他们打个电话，请他们喝杯咖啡聊聊天。
  – 你可以加入哪些相关的国际组织或协会？

联结以下点式分列项与贵公司的国际根源。虽然看起来很基本，但是对于开拓你自身的经历和精神来说，这是很重要的。更重要的是，在公司建立新的商业网络的时候，这些将成为可以分享的有趣故事。

* 你的民族背景是什么？
* 你有很多说别的语言或者来自别的国家的朋友吗？
* 你第一次出国是什么时候？你的经历是怎样的？
* 你的语言水平如何？礼貌用语、教学用语、普通会话还是流利自如？

联结以下点式分列项与你的业务经验。你可能会对自己很惊讶，原来你已拥有的直接或间接的国际经验比你想象的要多得多！

* 你过去有过哪些国际经验？
* 你有哪些间接的国际经验？即使你没有直接经手国际业务，只要露过面，价值

和意义都很大。

丹尼尔·特纳的故事

丹尼尔·特纳（Daniel Tuner）的个人背景是其在国际业务上获得成功的重要因素。他有效地将已有的资源和他的国际资源相结合，利用这些资源应对其在国际业务中所面临的很多挑战。

他的父母都是加拿大的外交官，常年在海外工作。据悉，丹尼尔出生在南非的"大街上"。到他上完大学时，已经在 11 个国家生活过——他所去过的国家就更多了。

在他的个性形成期，丹尼尔学到了一项技能，他将其称为"生存语言"，一种以尊重对方为前提，说各式各样英语的能力。他能够根据情况改变语速、语调、用词和口音，以让对方更容易理解他所说的话。这是他的一大笔财富，让他在国际事业的方方面面受益良多。

在第 4 章中，你将听到丹尼尔·特纳为你讲述文化冲击与文化合作的故事。

第 1 章

增加价值

　　半睡半醒之间，亚历克斯苦苦思索，感觉仿佛陷入了死胡同。客户与公司之间你来我往，你退我进，反反复复的较量令他苦恼不已。公司决意打入新市场的强烈愿望与来自新客户的抗拒，形成了鲜明的反差。可是如果没有客户，生意就会做不下去。亚历克斯经常深感矛盾，困顿不堪。

　　每次进入美国的一个新市场，TolpaTek 公司都会面临不同的挑战。每当公司业务拓展到新领域的时候，工作人员发现每个部门看待业务问题的方式都是不同的。这些问题困扰着亚历克斯，让他在许多个夜晚辗转反侧，难以入眠。公司为不同的行业提供了同样的产品和服务，但客户并没有看到优先服务、解决方案或是类似的问题。

　　这是个大难题。也确实如此，公司提供的产品特点相同，性能一致，但是不同行业的客户对 TolpaTek 公司为其带来的价值和影响却看法不一。同一个国家，相同的货币，同一种语言，面临相同的问题，为何客户之间的看法差别如此之大呢？

　　这个问题确实让人费解，但是亚历克斯和他的团队最终破解了这个难题。TolpaTek 公司改变了自身的探索进程，从而更好地揭示了造成这种差距的原因，即客户目前的运行体验与 TolpaTek 公司改进的性能之间是存在差距的。尽管客户看待影响和结果的方式不尽相同，但 TolpaTek 公司成功的关键是有能力与客户的购买需求保持一致。解决了这个问题，亚历克斯终于能够睡个好觉了，明白这一点是打开国际市场的关键。

　　TolpaTek 公司管理团队的一些成员认为，在美国销售他们公司的产品和服务相对容易。然而亚历克斯不喜欢"容易"一词，因为这个词弱化了 TolpaTek 公司进入美国市场时的重要思想、策略以及那些辗转反侧的不眠之夜。进入美国新市场所获取的重要经验将有助于减少进入下一个新市场时遇到的障碍，使进入新市场更加顺利。

为新市场中的客户增加价值

为客户提供价值，他们会用订单来回馈你。那么你的组织也会很乐于投资那些为企业带来价值的机会。如果贵公司能提供额外的价值，很可能会取得非凡的成功。

显而易见，没有客户就等于没有生意。当然，你可以创业，建设企业所需要的基础设施和设备。但是一家企业若没有客户，就像一个人只拥有骨骼却没有神经系统，没有心脏，没有流动的血液。

> 如果你为客户提供价值，
> 他们会购买你的产品或服务，
> 从而建立起你的业务。

> 如果你给客户带来价值，
> 他们将认可你的产品，
> 和你分享各种案例，也愿意与你分享业务成果。

> 如果你为客户创造价值，
> 他们会做你忠实的老客户，
> 在长时间内和你一起合作。

> 如果你为客户提供价值，
> 他们会为你代言，
> 为新客户敞开大门，迎来新机遇。

贵公司的业务加速器是向客户提供实实在在的好处。这种好处是产品和服务对客户以及他们的业务产生的影响。这种影响在客户的业务或生活中是可以衡量的。结果对客户来说是最重要的。这就是客户购买、使用企业的产品或服务得到的回报。结果和影响越大，你的产品和服务在国内的价值就越高，优先级也就越高。

找准价值缺口

为客户提供价值是商业的基础。我们常常容易忽略价值的概念——"我们当然为客户增加价值了"——接着就去讨论技术、创新以及进程。企业在进入一个新市场时，尤其是一个新的国际市场时，价值观是最重要的。企业在一个市场上提供的价值并不能直接迁移到一个新市场上，尤其是进入到国际市场或新领域的时候。

价值就是认知。你在向客户宣传贵公司的产品和服务的同时也向其说明了你的产品价值。价值是你用图像、文字和案例为客户设定的所有期望。这既是你表达的方式，也是你表达的内容。在 Facebook 或 Twitter 上发布的文章、分享的内容可以让新市场中的新客户了解你所提供的产品。

产品价值涵盖了产品和服务的所有特点与性能。它既是工作内容也是工作方法。它包含内置的技术（汇集了所有幕后人才的知识与技术），经过流程验证的功能，以及经过考验的方法。

企业的价值是其产品和服务为客户提供的便利之处。价值也是客户对这种便利之处的感知。贵公司的产品和服务是如何使客户的生意或生活变得更好的？价值是对他们（而不是对你）而言重要的东西。

在新市场中为客户定义产品价值的最好方法是与之保持密切的联系。

* 国内的客户如何谈论自己的需求？对他们而言什么最重要？
* 本地市场的客户将利用哪些功能？有哪些需要重点考虑的特定国情？
* 哪些好处对于国内客户而言是可衡量的、明显的和重要的？
* 当地客户现在做什么或用什么，为什么用这些产品？

在 20 世纪 70 年代，埃内斯托·西罗丽（Ernesto Sirolli）跟随意大利的非政府组织在赞比亚工作。这里的每个人都是出于好心，真正想要帮助赞比亚居民，但是每个项目都以失败而告终。他们在赞比亚各个地区考察，当他们来到郁郁葱葱的赞比西河谷地区时，让他们感到惊讶的是，坐拥这么肥沃的河谷，当地人竟然没有发展农业。

非政府组织看到了向当地人介绍农业的绝佳机会，于是工作人员着手教赞比亚人民如何种植意大利西红柿和西葫芦。但是，赞比亚人对于他们的努力却漠不关心，毫无兴趣。为此，非政府组织怀揣着美好的愿景，给来上课或者在田间劳作的当地人发放工资，通过这种方式激励当地的赞比亚人。果然一些人参与了进来，虽然人数不是很多，但是工作人员知道此次结果会在以后说服许多怀疑这项活动的人。

这些善良的工作人员并没有问当地人为什么在这么肥沃的土地上什么都不种，而是对彼此说："感谢上帝，我们在这里就是为了拯救赞比亚人民，让他们免受饥饿之苦。"

种植的作物长势很喜人。这些绿色植物生长的茂盛而郁郁葱葱。结出来的西红柿和西葫芦不仅稠密而且品质很好。工作人员欢快地对赞比亚人说："看，农业多简单啊！"

该组织自豪地看着这片土地。西葫芦长得茂密而硕大。西红柿也汁多饱满、红润、成熟。第一批成熟的蔬菜味道非常甘美！接着，地面似乎动摇了。几十只河马从赞比西河跑出来，将眼前成熟的西红柿和西葫芦给践踏了。它们踩过这些植物，什么都没有了，只剩下被踩踏后的绿泥汤。

工作人员对着赞比亚人大喊："上帝呀，这里有河马！"

赞比亚人镇静地说道："对，这里有河马，这就是为什么我们这里没有农业的原因。"

工作人员感到十分震惊，一脸沮丧："那你们为何不早告诉我们呢？"

赞比亚人沉着也很实在地说道："你们从来没有问过我们。"这个故事说明了找准价值缺口（见图1-1）的重要性。

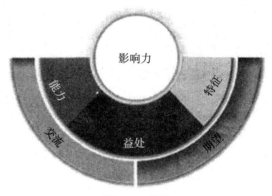

图 1-1　价值

如果你是向一个物产丰富、土地肥沃的国家提供农作物，那么你要考虑企业是否能够满足这个国家的需要，面对这个国家的挑战。

如果你的产品是自行车，那你就需要考虑潜在客户有什么特殊的交通需求。路面平整的国家和路面坎坷的国家对自行车的需求就完全不同。具体点说，像荷兰这样地势相对平坦的国家，自行车就不需要太多的齿轮；像瑞士这样的山地国家就需要一套精良的传动装置。新加坡人可能拥有更多的可支配收入，因此可以负担得起一辆昂贵的高级自行车；在越南，人们可能承担不起。像德国这样拥有很多高级工程师的先进国家能够为高科技的自行车提供服务；像塞内加尔这样的新兴国家则可能没有相关的专业人才。

如果贵公司的产品是家用电器，那么公司的目标市场国家有哪些需求和考虑呢？美国的房屋很大，空间充裕而且电力充足。可是在日本，生活空间非常有限，房屋都很小，可能无法容纳新的家电。非洲新兴市场国家的家庭可能需要家用电器，但可能没有稳定的电力或水资源。

凯文·麦考伊的故事

凯文·麦考伊（Kevin McCoy）的移动应用程序公司已经有六年的历史了，在美国有一大批忠实的追随者。所以凯文认为是时候带领公司走向国际了。凯文花了很多时间琢磨这项工作。他从本质上理解了我们这本书中所阐述的一个重要的概念：降低风险。他决定先从英语国家开始，然后适时地在另一个国家开始。他决定先在新西兰进行测试，然后根据测试结果在英国推出，接着再到爱尔兰。

用户体验对于每个国家都比较适用。但是这也并不值得庆祝，因为用户体验的测试工作量非常大。美国业务和国际业务之间存在着许多微妙的差异，还有一些不那么精细的价值差异。这个移动健康应用程序用户交互需要根据国家的不同进行修改。用户对窗口的弹出和通知有不同的偏好。尽管每个国家都讲英语，但是很多事情是不一样的：假期不同，食物偏好不同，习惯用语各异，甚至重量单位（千克、英石或磅）都各不相同。

在美国，肥胖是一种流行病，但在其他国家却并非如此。在美国，对健康的衡量标准是对卡路里的追踪，看行为是否有所改变。其他国家则认为健康标准更多的是一种生活方式。此外，还有一些文化差异，如德国和日本追求细节的完美，而其他的国家（如英国和爱尔兰）则更无忧无虑。

只在其他国家或只在应用商店发布公司产品和服务性能是不够的。凯文发现，即使运用的资源有限，应用程序也需要改进升级。尽管这是美国首屈一指的健康与保健应用程序，但在英国，他的公司实在太小了，都得不到苹果和谷歌等公司的关注。凯文充分利用了他在美国的关系对其应用程序进行了介绍，这才能够在新的市场中进行宣传。

凯文为公司在各个市场所取得的成就感到自豪，其产品和服务能够根据不同国家之间那些或微妙或不微妙的需求灵活地进行调整，以适应用户体验的需求。该公司将继续以敏捷的方式进入新的市场，超越 B2C 的个人需求，进入 B2B 企业健康需求的独特世界。

客观诚实地进行产品评估。有些产品不能满足某些海外市场的需求。我们同意莫娜·珀尔（Mona Pearl）在《全球增长》（Grow Globally）中所提出的观点，企业不能理所当然地认为在本国风靡的产品将会成功或适用于另一个海外市场。凯文·麦考伊的业务在美国以外地区取得成功并不断增长，但它的销售量可能不如他最初预测的那样，并且可能具有略微不同的市场吸引力。

写下你对新市场的价值主张。在现有的市场上，正确的价值主张意味着一个良好的开端，但新市场的期望却有所不同。有时候差异很大，有时候则更加微妙。你的价值主张必须对新市场中的客户阐明，并且得用他们的话来说。

有很多好的方法来建立自己的价值主张。我们喜欢像斯坦福国际研究所那样，直接利用准则来建立一个价值主张。斯坦福国际研究所拥有悠久而杰出的研发历史。从电脑鼠标到苹果的语音助手，到直观的机器人手术等创新都来自斯坦福国际研究所实验室。

斯坦福国际研究所的价值主张公式提出了四个问题：

* 客户的需求是什么？
* 你用什么方法解决这一需求？
* 你的方法的单个成本收益如何？
* 这些单个成本收益与竞争对手相比如何？

这四个问题就是需求、方法、单个成本收益和竞争，被称为"N-A-B-C"。这四个要素必须存在，才能创造引人注目的价值主张。

这里有一个 B2C 企业价值主张的例子，取自艾禾美（Arm & Hummer）的网站，其产品之一是冰箱空气过滤器。

艾禾美的冰箱过滤器将小苏打从冰箱的后部或是盒子后部取出来（竞争）。它坚持在冰箱的内部进行清洁（方法）并且暴露两次以上，以消除异味（需求）。发酵苏打水相当于普通的一磅包装盒（单个成本收益）。

很多 B2B 企业也提出了伟大的价值主张，这样的例子也数不胜数。由于业务的复杂性，这些企业往往会更注重行业和应用特征。

和许多公司一样，TolpaTek 公司参加了相关的行业会议。作为一家 B2B 类型的公司，TolpaTek 公司或许会使用 N-A-B-C 价值主张来引荐产品。例如，公司员工将 TolpaTek 公司的产品介绍给潜在客户时，其价值主张大致如下：

诸如各位的企业，需要灵活且快速响应的系统。我们的办法是提供统一的服务系统，此服务系统适应性强、性能卓越。它能够带来的好处是快速地应用，与各位现有的服务迅速融合，并实现自主管理运营；这和其他竞争对手提供的高成本且需要昂贵服务选项的解决方案截然不同。如果你的时间有限，我们可以快速讨论一下你的具体需求。

上述 TolpaTek 公司的例子虽然细节不足，听上去也有点僵硬，但你从中可以了解到任何企业的价值主张都可以涵盖四个关键的 N-A-B-C 问题。

价值主张始于需求。若客户对你提供的东西没有需求，那么你的价值主张也就不存在。图 1-2 表明了什么是需求。

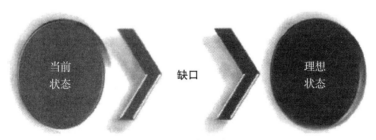

图 1-2　需求是缺口

需求是一个缺口，但你的服务可以填补这个缺口。需求是不足，意味着客户当前状态中缺少、缺乏某些东西，或运作不是特别理想。价值缺口就是客户眼中的当前状态与理想状态之间的差距。他们所认为的差距越大，缺口也越大。**缺口越大，需求也就越大**，客户想要填补这种缺口的欲望也就越强烈。

每个产品和服务所创造的价值缺口都是不一样的，可以是主观的也可以是客观的。而最强有力的缺口来自痛点问题：

* 假如问题得不到解决，其后果是否会威胁到个人或企业的健康？
* 有没有规定、认证或合规要求解决这个问题？
* 假如问题得不到解决，是否会导致某人被开除？

缺口可以是非常具体且可测量的，可以通过数字、比较或演示进行沟通交流。例如，一家企业所提供的互联网服务的下载速度或带宽远优于竞争对手，毫无疑问，这家企业一定会大力宣传这些数据并比较这些性能。

缺口也可以是主观的、个人的，基于未经证实的观念或个人观点。主观需求对于特定的个人来说十分重要且强大。有很多行业就是建立在填补主观缺口之上的，比如美国的化妆品行业，其价值高达560多亿美元。主观的和个人的需求往往属于以下三个领域：

* 形象——个人或企业品牌；
* 福祉——健康、可持续性或环境问题；
* 身份——社会交往、归属感、领导力或地位。

很多产品都同时兼顾了有形、可演示的特点与无形且主观的特点，比如摩托车制造商就同时关注产品的性能与风格。

填补缺口的优势对于每个产品或服务来说，也是独一无二的。客户会希望自己的投资能有所回报。例如，快速的电脑响应时间，或者朋友对更加年轻靓丽外观的赞美。另外，价值还有可能在于避免风险和不良后果。有些产品（比如摩托车）还能够提供一系列优点，比如提高燃油效率（回报）和安全性（风险规避）。

一个新市场中的客户必须意识到缺口的存在并知道你提供的产品能够填补这种缺口。进入一个新的市场，你必须教育潜在的客户。但是在此之前，你必须先教育自己：

* 你的客户的当前状态和理想状态之间存在缺口；
* 理想状态所提供的价值 / 好处是他们目前无法享受到的；
* 你的产品和服务能够填补这一缺口；
* 购买你的产品和服务能带来所需的价值，填补缺口。因此，你能够为新市场的客户带来价值。

你的价值主张必须同时以行话和驻地国国内的本地思维表述出来。你要做的不仅是将其从汉语翻译到日语（或其他语言）。你的价值主张应该使用客户当前业务环境中的术语进行表达——使用客户的语言来沟通。用他们的术语，而非你自己的术语（并且不要使用其他市场的语言）。这样一来，你会获得他们的关注和兴趣，从而建立业务。

有时候你的价值主张可能仅得到"你想表达什么"这样的回应。但不管怎样，你至少开启了对话。这会让客户认可你带来的价值。试着填补你发现的但客户还未意识到的缺口。

"四个为什么"法则

如何在一个新的国家弄清楚客户价值？这是关于客户的科学，而不是火箭科学。跟那个国家的客户、合伙人以及你的登山向导多聊聊。记住，价值观来自客户的观点。从客户的角度评估你所提供的产品的适用性。

你不能凭空想象价值。如果你人在美国，坐在奥斯汀、波士顿或者麦迪逊的舒适办公室里，你又如何能真正了解智利、中国或者克罗地亚的客户价值呢？

跟国内的潜在客户多沟通交流。你的目标是了解重要的客户的需求，弄清楚"为什么"你的产品或服务对客户很重要的根本原因。罗伯特和珍妮特将其称为"四个为什么"法则。"四个为什么"法则强调了从你的核心产品特点与功能到最终带来的客户价值和结果的重要性。结果和影响对你的客户来说最为重要。

如果你向你的客户提出这"四个为什么",可能的对话会是这样的。

* **第一个为什么**:"亲爱的客户,请问您为什么选择我们?"

  回答 1:"你提供的东西有我们想要的功能。"

  这个信息很有帮助。你知道,你提供的功能对你的客户是有用的。

* **第二个为什么**:"亲爱的客户,请问为什么这些功能对您很重要?"

  回答 2:"这些功能可以让我们有能力……"

  这很好。你了解到这些功能能为你的客户或他们的业务带来哪些好处。这里的重点是功能有利于工作流程或进程。

* **第三个为什么**:"亲爱的客户,请问为什么让您有能力……对您很重要?"

  回答 3:"这样的能力能让我们的业务……"

  事情正往更好的方向发展。当客户开始谈论产品或服务如何影响他们的企业时,你听到的正是客户获得的价值。你会听到关于创新、差异化、改进、ROI(投资回报率)、客户获取、客户留存率等的评价。如果这些可以量化,那对你对客户价值的理解就更有价值了。把这些变为客户案例进行研究,这些客户案例研究将会成为新的潜在客户的宝贵支撑点。

* **第四个为什么**:"亲爱的客户,请问为什么……对您的业务很重要呢?"

  回答 4:"……有助于我们公司的发展、盈利、市场地位,或其他方式的业务推动……"

  至此,你已经掌握了真正重要的本质。客户正在谈论影响和业务结果。如果客户是一家银行,这意味着银行可以发展其业务、提供股东价值、向客户突显自身特点、提高竞争水平等。那么,你是否能帮助银行发展成为更好的银行(或者促进随便哪一项业务)呢?结果和影响随着时间的推移而不断被衡量。

注意——如果你真的就这样跟你的客户进行对话,你很有可能会惹恼你的客户。就好比刚学会走路的孩子不停地问家长"为什么"时,家长会感到不耐烦一样。

首先试着在本国为你的产品和服务定义"四个为什么"。客户案例研究通常包含"四个为什么"的基本组成部分。

本国的"四个为什么"将会为你带来线索，破解你即将进入的国家的"为什么"难题。但是，你依然需要在这个国家向本地客户提出"四个为什么"问题，否则你会遗漏重点。

特点和特性往往是你的产品的核心。但对于客户来说，核心是对他们的业务的影响与结果。随着客户对特点和特性的使用，它们会转变为能力和功能。能力和功能会带来价值和好处，从而产生明显的影响和积极的业务结果。

客户最看重影响和结果。这就是为什么在图1-3中影响和结果位于正中央（想象一下吃到棒棒糖最中心的最美味的那部分的体验）。不幸的是，很多企业对特点和特性（棒棒糖最外边最硬的一层）的重视多过它们对影响和结果（中心真正美味的那部分）的重视。这在很多企业的网站和营销材料中可见一斑。

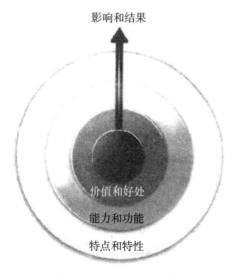

图1-3　四个"为什么"

回答这"四个为什么",对你在你的客户链中了解并吸引合作伙伴来说同等重要。进入一个新的国家市场之后,你需要尽早地吸引商业合作伙伴,因为它们在国内具有客户、买方和用户。合作伙伴对增加价值或完善你的解决方案来说也很关键。

TolpaTek 公司跟系统集成商进行合作。这些合作伙伴会销售、实施并维护系统。为了吸引新的商业合作伙伴,亚历克斯的合作伙伴管理团队会与潜在系统集成商的领导团队讨论"四个为什么"问题。如下所示。

* **问题 1**:"合伙人先生您好,**为什么**您认为跟 TolpaTek 的合作对您来说很重要呢?"
  回答:"你的系统为我们的产品和服务组合增加了新的能力。"

* **问题 2**:"合伙人先生您好,**为什么**这些新的能力很重要呢?"
  回答:"TolpaTek 公司产品和服务的功能允许我们为客户提供过去所没有的高端实用性。"

* **问题 3**:"合伙人先生您好,**为什么**这些高端实用性对您的业务很有价值?"
  回答:"这些高端实用性有益于我们的专业能力并吸引新的客户。"

* **问题 4**:"合伙人先生您好,**为什么**改进您的专业能力并吸引新的客户对您来说很重要?"
  回答:"我们希望努力发展成为本地专家,提供新的创新产品,更好地服务于客户。"

当然,亚历克斯和他的团队肯定不会这么直接地提出"四个为什么"。但是你可以从中了解到真正促使合作伙伴跟 TolpaTek 公司合作的动机。这个动机跟特点和功能无关。合伙人先生给出的"为什么"答案在于影响和结果——帮助他打造企业形象并发展业务。

你的产品或服务在目标国家市场上越独特,越容易区分,传播"四个为什么"理念也就越容易。让你的业务与你的客户和合作伙伴的业务保持一致,是成功的关键。

独树一帜

我们生活在一个拥挤而忙碌的世界。周围充斥着各种广告信息——在线的、印刷的、在大街上随处可见的，等等。不管你是销售钢制集装箱还是小吃，货架上到处都是可替代品。从人群中脱颖而出的能力，对你和你的客户来说都至关重要。

你今天在本国市场上的成功离不开你对竞争激烈、瞬息万变的本国市场的成功驾驭。如今的买方越来越精明，越来越苛刻。客户会研究竞争性产品，会希望你能够清楚地说明为什么你的产品比其他产品更好。不仅只是更好，还需要真正表现出不同之处，真正带来有吸引力的结果。

了解你的竞争环境。了解你在新市场上的竞争环境。你的营销部门可以在这里派上大用场。营销是企业的核心竞争力。利用营销专业人员广泛的知识和资源——他们有深入的竞争力报告、行业研究和详细的矩阵，远远超出你对企业市场的理解。他们并不是在隐瞒信息，只是要优先针对特定市场上将会遇到的主要竞争对手。告诉他们你的目标国家和目前的竞争对手，他们肯定能够为你提供比较数据。

你将会面临与本国市场很不一样的竞争格局。你的企业在目标国家可能会面临一些特殊的挑战，从国内解决方案到你从未遇见过的来自其他国家的竞争对手。

如果你想进一步了解竞争分析，不妨阅读一下迈克尔·波特（Michael Porter）先生的《竞争优势》（*Competitive Adventure*）。他仔细定义了每个行业都会以某种方式遇到的五种竞争力：替代品威胁、买方讨价还价的能力、供应商讨价还价的能力、现有竞争对手之间的竞争，以及新竞争对手的加入。这五大竞争力的综合实力将决定一家企业在特定市场中取得成功的机会，如图 1-4 所示。

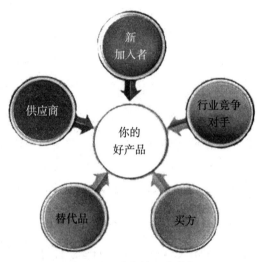

图 1-4　波特的五力竞争

客户总有很多选择，哪怕这些选择跟你提供的东西不完全一样。他们是什么呢？客户想要一个选择，并且他们总有更多的替代品。如果市场发展足够快，你可能不必担心选择的问题。如果市场足够大，你或许也不用担心替代品的问题。

为什么在大型或发展中的市场上，你无须担心选择和替代品呢？早晨的咖啡或茶是一个很好的例子。如果你喜欢比较甜的咖啡或茶，你可以加点白糖。如果你喜欢天然一点的，那就加红糖、生糖或蜂蜜。或者，如果你偏好零卡路里的甜味剂，你可以选择蔗糖素等其他代糖。又或者，如果你偏好纯天然的零卡路里甜味剂，你可以选择来自甜叶菊的糖制品。一杯咖啡或茶，你就可以轻易地找到十多种选择和替代品，并且这些选择和替代品在竞争市场上各自相安无事。

在产品选择的竞争环境中，相对的特点性能十分重要（比如卡路里、天然度和口味）。当然也可能会有一些转换成本（价格、保质期或存储因素）。有时候，选择背后的原因纯粹是主观的且违背理性的（口味、外观或一致性）。

如果市场是静态的或者正在下滑，那么你提供的新产品需要具备一些颠覆性的、革命性的或者"扬起些烟尘"的特点来获得市场注意。**如果你无法在静态的市场上提供强大的优势，那就不要浪费你的时间和金钱了。**

20 世纪 90 年代的吸尘器行业就是一个一片死水，正在走向消亡的市场的极好例子。非常无聊，真的很无聊。詹姆斯·戴森（James Dyson）在他自家后面的工作室里研究了 5127 台真空吸尘器，最后终于开发出一款运行完美的吸尘器。没人知道他为什么要这样做。他在 1993 年成立了戴森公司，并且 20 年后，公司的营收达到了 60 亿英镑（约合 102 亿美元）。1993 年，他进入了一个停滞不前的市场，这个市场上充斥着各类知名品牌，如比斯尔、胡佛、伊莱克斯，以及其他全球市场份额从未达到十亿美元级别的品牌。戴森继续在其产品的各个领域进行创新，从抽吸到过滤到移动再到设计。如果公司停止创新，它就会停滞不前，就会失去市场份额。

如今的客户比以往任何时候都更加专横、挑剔，且信息更灵通。他们需要信息。他们发布 RFI（信息请求）、RFP（提案请求）、招标和 RFQ（报价请求）。他们会花时间研究选择和替代方案。他们会比较，如果他们停止今天正在做的这些事情，开始听从你的提议，事情会发生怎样的变化。

企业的头号竞争**障碍**就是买方惯性。即使你的产品非常棒（我们知道你的产品非常棒是因为你就是这么宣传的），但是买方不见得这么认为。想让他们放弃目前的选择，转而选择你的产品，似乎还需要一些说服力。虽然买方可能看见并了解了你的产品，但不一定会选择购买。

还记得你最近一次更换智能手机品牌的那次经历吗？哪怕是最简单的东西，你也要适应好一阵子。你找不到最喜欢的应用，你的日历和联系人没有全部转移过来，而且很多功能都不太一样。你得先忘掉以前的使用习惯，然后再学习新的使用方式。多么痛苦的经历！于是在下次再打算更换手机品牌之前，你一定会三思而后行。你的客户也是如此。虽然你提供的东西足够好，也足够有吸引力，但是能好到让客户愿意承受这些改变所带来的不便吗？决策者可不希望为自己的决定付出巨大的代价，甚至失去自己的工作。

你正在为获取买方兜里的钱努力奋斗、竞争，而他们有权决定把钱花在哪里。在一开始，新兴国家的消费优先等级可能会集中在解决水、住房、安全、电力或健康等满足基本生存需求的基础要素上。在后期，在发达国家中，消费的优先等级就完全不同了。他们会集中在自我表现、环境保护、创意、娱乐、信息获取和／或决策参与等方面。这一切都跟优先次序有关。而你就是在跟他们的优先次序、他们的紧迫感和他们关心的问题竞争。

当你进入一个新的国家时，不要指望你的一举一动不会被人注意到。如果这是你的企业首次进入一个全新的国家，你可能会在一段时间内不被人注意。但是你成功会让市场注意到你。或者，当你进入一个新的国家时，本国的竞争对手会发起一场抵制你的活动。抬起头，睁大你的眼睛。你永远不会知道接下来会发生什么。

描绘出当前的竞争格局：

＊目前在这个国家存在哪些竞争对手？

＊这些竞争对手各自占有的市场份额是多少？

＊驻地国国内和全球的行业趋势是什么？

＊这些竞争对手如何在驻地国国内区分或细分他们自己？

理清驻地国国内的竞争态势并不总是那么容易。驻地国国内的代表或登山向导是帮助你了解这些竞争对手自身定位的宝贵工具。我们将在第 3 章中引入为你的团队寻找一名登山向导的概念。竞争对手之间的较量可能跟你在本国市场上遇到的情况差不多，都是基于类似的动态（比如打折、特性比拼等）。或者，你也可能会发现其他国家的竞争较量跟你以前遇到的完全不同。

请做好你将遇到新的竞争对手的准备。竞争对手可能会与社会分层、长期关系，甚至是私下交易有关。为了避免跟对手硬碰硬，他们可能会选择与某个社会阶层、等级或民族集体结盟。根据产品的不同，这种情况可能会出现在印度、东南亚、南美洲等其他地区。

例如马来西亚，该国种族十分丰富。那里有穆斯林马来人、中国人和印度人等。对于 B2C 产品，你需要为你的产品选择一个以客户为导向的最有效点。而对于 B2B 或者 B2G（企业对政府）类的产品，你需要了解企业的结构。一般来说，在马来西亚，政府、大学、清真企业等的人员组成以穆斯林马来人为主，零售业、进出口或其他商业业务的从业人员则是中国人居多，而印度人是主要的劳动力。你的竞争对手往往会选择与一个种族集体结盟而从根本上忽略其他群体。这种竞争方式跟本国市场上的差别非常大。

即便是竞争对手的产品远不如你，这些本土或驻地国国内竞争对手提供的解决方案也会是你进入这个国家的巨大**障碍**。在有些情况下，本地竞争似乎不合乎逻辑，你也许会想："只要我们教育好市场，这些竞争对手根本就构不成威胁。"也许你想的没错，但请务必仔细考察这些本土驱动力（民族自豪感、政治联系、文化背景或政府对竞争性替代品的支持等）是否会给你的业务带来障碍或减缓你的发展。

很多来自新兴市场的企业都摩拳擦掌，试图成为 21 世纪重要的跨国企业。以下是一些代表性的新兴企业：

* 巴西：巴西航空工业公司、巴西食品、自然（Natura）；

* 墨西哥：美洲电信、莫德罗集团；

* 印度：兰伯西实验室、印孚瑟斯、塔塔茶业、威普罗；

* 中国：格兰仕、海尔、春兰集团、联想、珠江钢琴；

* 土耳其：KOC 集团、伟视达。

艾禾美可能没有办法顺利将其冰箱除臭剂引入亚洲国家。在亚洲，受根深蒂固的文化影响，人们更倾向于使用当地的草药，哪怕效果不佳且价格昂贵。TolpaTek 公司可能会发现，在法国或者新加坡这样拥有强大监管机构的国家，市场渗透很难实现。因为在这些国家，个人和政治网络的关系错综复杂，也因为他们有着强烈的民族自豪感。

"当你进入一个新的国家时，你也是一个新的竞争对手。"波特充分指出，"进入一个新的市场有很多障碍，如品牌识别、转换成本、资本需求、政府政策、竞争性报复，等等。"如果容易的话，跨国企业就不会那么少了。这就是为什么你的老板需要你去解决这个问题。本书的创作目的也就是帮助你解决这个问题！

有一个主要的加速器，就是让你的想法呈现得大气、具有吸引力。当你拥有一项某一进程的关键因素时，如果你按照这种方式进行陈述，当地的投资人将能够更好地理解和定位你的业务。这样，你就能对情况有所控制。所以，你必须清晰明了地说明你能够带来的价值，并且说明这个价值在当地市场是独一无二的。

最初，TolpaTek 公司将对其产品和服务的宣传重点集中在对系统实施至关重要的 IT 经理身上。TolpaTek 公司研究过美国市场，这一战略似乎也与以 IT 基础架构和系统管理为重点的竞争格局一致。但是，在最初几年，市场并没有注意到 TolpaTek 公司。虽然公司提供的产品和服务品质卓越，但在各种市场

"噪音"中无法引起足够的重视。

之后，TolpaTek 公司的战略的转变带来了巨大变化。TolpaTek 公司不再关注 IT 经理，而是开始关注用户。因为，正是用户在业务流程决策中起到了战略性的作用。这种转变让业务产出变得更加清晰，同时将 TolpaTek 公司的能力嵌入到了工作流程中，允许其"主宰"整个流程。

* TolpaTek 公司在美国市场上取得了巨大的成功，这些企业拥有复杂的客户关系，即与众不同的客户配置。

* 公司开发了工作流和 ROI 计算器等工具，以便用一种有意义的方式将用户与价值主张联系起来。

* TolpaTek 公司对业务流程的关注与其他企业有明显的区别，这也是其竞争优势。

由于注重用户影响和业务流程，TolpaTek 公司在美国和加拿大市场获得了巨大的优势。公司以为，同样的战略在进入其他发达国家（如新加坡和韩国等市场）时，也能为公司带来一样的成功。因为 TolpaTek 公司当时仅仅是待在美国的办公室里来研究这些新国家的市场，所以没人对此提出过质疑。但事实恰恰相反！ TolpaTek 公司似乎在新加坡和韩国市场没有获得预想的那种成功。

TolpaTek 公司的失败之处在于未能向国内客户提出"四个为什么"问题。在这些新市场上几经受挫之后，TolpaTek 公司意识到竞争格局已经出现了价值转变。新的竞争基于的是不同的标准，而对手是一系列不同的竞争产品。当然，用户在系统实施中依然重要，只是 IT 经理在关键业务流程决策中发挥了更多的战略性作用。产品和服务依旧是原来的产品和服务，只是价值主张又从用户回到了 IT 经理身上。

处理竞争是企业的基础。进入一个新的市场时，遇到**不一样的竞争是常事**。竞争格局应该放在拟将进入的国家的分析清单上的重要位置。即使其他特征看起来十分相似，**市场行为还是会大相径庭**。你应该对之前从未遇见过的竞争对手和决策者做好心理准备。

增加企业自身价值

进入新的市场，在兴奋之余，你依然需要制定一个完备的战略规划。你需要从一系列小步骤开始研究，进而选择适当的国家。在进入一个新的国家之前，仔细考量市场进入、交付和学习等重要步骤。

展现在你公司面前的国际机遇极具诱惑力，这点毋庸置疑。事实上，很多企业就是因为受到这种机遇的召唤，最终决定进入一个新的国家。这种际遇可能往往始于一次展会上的随机联系或者信息咨询。把握机遇没错，但同时也要保持冷静的头脑，做到审慎选择。

在选择进入哪一个新的国际市场时，企业往往会面临一个艰难的取舍：可行性和价值。你往往希望业务成功的可能性足够高，同时又能为企业带来一定的收入或利润。不过，我们建议你从不同的角度来看待可行性。

把可行性看作进入新市场的难度。试着从比较容易渗透的市场开始，这样你的企业便可以在面对更大或更具挑战性的市场之前，获得宝贵的国际经验。

把价值看作声誉、口碑和认可。在国际市场上，声誉代表一切。企业的收入和利润都是其结果。成功固然重要，但最初的盈利数据并不如你能为客户带有益影响来得重要；增长来自真正的客户价值。

"小步"策略

把你进入一个新的国家的过程拆分成一个个小步骤，不要要求一步到位的成功。

* **市场进入步骤**：潜在客户是否了解你的产品？客户了解你的产品后是否表现出了任何兴趣？兴趣是否转为了提案？提案是否又进一步转为了购买？从进入市场的每一小步中你学到了什么？要在这个新国家中吸引客户，有哪些不一样的做法？

* **市场交付步骤**：产品和服务如何交付安装？客户如何才能学会使用这些产品和
  服务？客户能从你的产品和服务中获得什么价值？客户是否愿意与你一起记录
  并量化价值？他们是否会向其他潜在客户推荐你的产品和服务？客户愿意支持
  你的产品吗？从交付的每一个步骤中你能学到什么？这个国家的价值缺口有哪
  些独特之处？

* **学习步骤**：为市场扩张和市场渗透确定接下来的步骤。庆祝每一小步的成功并
  从中汲取经验。评估你所犯的错误，从中吸取教训。如果你不知道下一次该如
  何改进，你注定还会犯同样的错误。跳出客户获取的局限，找到在这个国家有
  助于你保留客户、建立品牌忠诚度的因素。

小步策略应该应用在你的国际业务规划中。一次选择一个国家。为市场进
入、市场交付和市场扩张设定相对保守的目标。投资和期望要一致，明白你需
要在取得可见结果之前进行投资。保持积极乐观的心态，而且要有耐心、脚踏
实地。

你的国际化规划也应当应用小步策略。不要把整个亚洲视为扩张业务的目
标。亚洲地域广阔，西至地中海，东临太平洋，南靠印度洋，北到北极圈。在
这片广袤的土地上，有40多个不同国家。这些国家之间文化迥异，从土耳其
到俄罗斯、中国、日本等。哪怕是进一步区分，东南亚也包含11个国家（新
加坡、泰国、越南等）。每个国家都有自己的语言、文化和货币系统。你应该
从中选择一个国家开始你的国际扩张。最好从该国家中的一个地区、省份或州
开始。

一个国家，多个小步骤。为市场进入、市场交付，以及之后的市场扩张和
市场渗透累积里程碑和目标。

从自身实力出发

企业如人生，要从自身实力出发。如果你能够把当前的优势应用到新的领

域，业务扩张就会容易很多，风险也会降低很多。

安德鲁·卡德维尔的故事

就像一个孩子在超市里突然耍脾气，有时候国际扩张的复杂程度也令人措手不及。

安德鲁·卡德维尔（Andrew Cadwell）的部门原先仅关注美国市场，业务增长稳定。公司在与美国大型企业建立深入关系方面表现出色。这些大型企业都有自己的国际业务员，也都是全球型企业。

客户希望（甚至要求）安德鲁在全球其他地方为他们的业务提供同样可靠的服务。挑战就此出现："适应国际业务，或者接受增长缓慢且持续低迷的市场。"

安德鲁是这家管理 IT 解决方案和网络服务公司的部门总裁。他决定，他的部门必须做出改变，利用客户关系进入国际市场。安德鲁说"挣扎和尖叫"无比准确地描绘了他在最初开始国际扩张时的心理，而扩张带来的结果则是影响力和利润的增长。

后来其他部门乃至整个公司也开始纷纷效仿。从自己的优势出发，安德鲁发现，他的当前客户是非常有力的开路人（杠杆点一）。

公司并没有真正的国际业务经验，于是决定采取简单直接的方法。公司将根据构建和实施系统的需要，派出美国的 IT 和网络专家与当地供应商开展合作，购买所需的硬件和软件。这样，他们便利用了自身在美国的专业优势（杠杆点二）。看起来似乎很简单。

然而，进入新市场的过程并非一帆风顺，存在客户减速带。有些客户希望安德鲁能够从美国运送配置完整的系统，而有些客户则倾向于选择本地供应商。此外，还有供应商减速带，从产品交付时间到配置问题等。安德鲁的业务以精简的方式运营。因此，延误、货币兑换、增值税、费用、装运和接受等障碍还算在可接受范围内。但是，如果管理不善，公司的确有可能在项目上亏损。

虽然用了不少时间，但安德鲁的公司至少安全度过了所有的减速带。公司的国际业务带来了丰厚的利润，这对他们的大型客户来说至关重要，并且这也证明了公司有能力应对"更大规模"的业务挑战。

安德鲁的公司从自身的优势出发，利用核心专业知识和客户关系打开了新市场的大门。

安德鲁把公司持续的长期国际扩张的成功归功于六项重要措施：

1. 为国际业务组建一支专门的团队；

2. 开发一个国际成本计算方法来了解国际业务潜在的盈利能力（包括税收、费用、运输成本和延期）；

3. 带着专门的资源进入新的国家；

4. 直接或与合作伙伴一起进入一个新的国家，不要观望；

5. 勇于寻求帮助——在新的国家法律顾问必不可少；

6. 建立国际客户服务热线（也是对第一点的补充）。国际客户服务热线能够与客户和合作伙伴建立信任关系（因为他们能够找到一个可以帮助他们解决问题的人）并与之交流。

当进行国际扩张时，安德鲁意识到了价值增长（第 6 点）、降低风险（第 2 和 5 点）、寻觅登山向导（第 3 和第 4 点）、建立信任关系（第 4 和第 6 点）以及全方位做出承诺（第 1、第 4 和第 6 点）等的重要性。在应用所学知识的同时，安德鲁·卡德维尔在国际业务的扩张过程中不断收获着更大的成功。

你可以通过以下四个基础问题，找到自身的实力所在：

1. 你打算输出哪些现有的产品和 / 或服务？

2. 你计划进入哪个新市场（新国家或州 / 地区）？

3. 在今天的美国市场上，或者在未来的新国家市场上，这些产品和服务的目标客户是谁？

4. 新的国家市场上已经存在哪些类似或一样的产品？

最好的业务加速器是将已有的产品打入新的或相邻的市场，以获得新的客

户。在安德鲁的故事中，他的公司就是利用现有产品、现有的客户，以及内部的专业知识，成功进入新的国家。进入一个新国际市场的最佳方法便是利用企业当前所拥有的优势，比如产品功能、能力和价值，尽快获得人们的认可。如果你也可以像安德鲁那样对当前客户加以有效利用，效果更佳。

如果你正在为当前市场开发新产品，你多多少少也会遇到一些**减速带**问题。了解你的客户和市场，可以减少变数，降低风险，缓解你在路上遇到的障碍。

障碍最大、风险最高、难度最大的举措，是企业在全新的国家为全新的客户开发全新的产品。在严格的成本效益分析中，这样做的风险尤其大，存在无数的未知数。就定义而言，创业公司就属于这种类型，即便"创业"是在一家成熟的企业内部进行。25%的创业公司在创业第一年就以失败告终，50%的创业公司表现好一点，但也坚持不过五年。除非不计创业风险，否则，在新的国家推出新的产品不是你进入新的国际市场的一个好办法。你可以通过在组合中加入一点点的"新元素"来减少障碍，增加你在国际市场上的成功概率——比如在新市场上推出已有的产品，或在已有的市场上推出新产品。

从你的自身实力出发。你的产品和服务将在今天的市场上大获成功。进行内部评估分析，为国外市场寻找合适的产品和服务。围绕营销和销售探索可能的创意、信息和文件来指导你的工作。产品和市场的关系见图1-5。

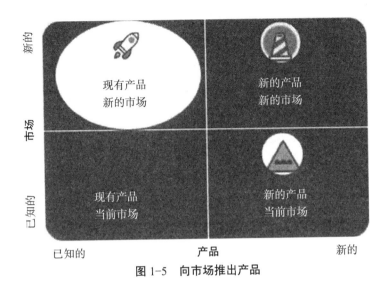

图 1-5　向市场推出产品

对于有些产品和服务，客户的定义是直接的，因为买方即用户。当艾禾美出售小苏打作为冰箱的除臭剂时，买方即用户。目标市场的最有效点是那些拥有冰箱的户主。这些人自认为自己是成功人士，并满足于对物品的占有。他们的家庭拥有足够的可自由支配收入，有实力购买其购物清单中各种值得拥有的物品。

当艾禾美打算将其冰箱除臭剂出口到美国以外的国家时，其优势在于优先考虑与美国最有效点最接近的国家。加拿大、日本、新加坡或澳大利亚等国都拥有与该最有效点十分接近的买方。

对于其他产品和服务，"客户"的定义则要复杂得多。买方不一定就是用户。可能需要其他合作伙伴来共同完成产品或服务的供应。如果是这种情况，则有必要绘制客户链中的各个环节，并确定链接中各个环节的最有效点特征。客户链中的每个连接必须足够强大才能使产品获得成功。

当 TolpaTek 公司决定向北美之外的地区扩张时，它们选择了亚洲，并且明智地把选择范围缩小到两个国家。TolpaTek 公司选择率先进入的国家是新加坡和韩国，因为在这两个国家公司比较具有优势。这两个国家的客户价值链中的环节与北美的比较接近。

TolpaTek 公司可以选择跟当地具有必要专业知识的系统集成商进行**合作**。这些市场上的买方和用户和与 TolpaTek 公司在北美市场上经常合作的技术经理以及业务流程管理员十分相似。这是一个毋庸置疑的优势。有足够的最佳匹配企业，可以管理复杂的客户关系。

为了确保进入新市场的成功，你需要为每一个产品和服务记录以下四个关键事项（见图 1-6）：

1. 确定客户链中的各个环节；
2. 描述客户链中各个环节的价值；
3. 为买方和用户开发详细的配置文件；
4. 清楚阐述"四个为什么"。

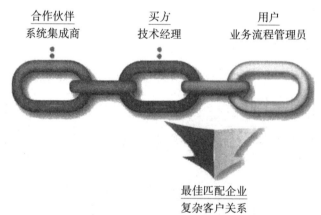

图 1-6　客户链中各个环节示例

形势是助攻吗

顺势而为比逆流而上简单省事得多。

谁不喜欢好的趋势？但是，有的趋势只是一时的狂热，今天粉丝无数明天无人问津，比如流行趋势、宠物石头、真人秀节目还有名人。希望你所在行业的趋势并非一时的狂热。

其他的趋势则会随着时间而发展。如果你的业务与全球或某一国家特定的重大事项有关，那么它就不是一时的狂热，而是真正有价值的市场趋势。真正的市场趋势经受得住一时狂热、竞争混乱以及经济动荡的考验。

BUILT FOR GLOBAL
Navigating International Business
and Entering New Markets

吉克·楚的故事

发现或预测趋势很不容易。吉克·楚（Jik Chu）亲自经历过错误预测趋势所带来的糟糕后果。

吉克在美国一家大型涂料和化学企业工作。该企业希望将生产和零售模式扩展到亚洲。吉克出生在韩国首尔。他后来在美国上的大学，随后又留在美国工作了15年多，最后又回到了韩国。

美国和亚洲两地的工作经验为吉克带来了优势。他接受了来自管理层的国际扩张目标。企业董事长、国际副总裁和吉克一行先后四次前往日本、韩国、中国香港、中国台湾、菲律宾和印度尼西亚进行实地考察。

该企业在韩国和中国香港寻找了两个合资合作伙伴。韩国和中国香港被认为是两个发达经济体，可以提供具有成本效益的制造业和潜在的零售商。韩国的合作伙伴提出在韩国建造一个合资企业和工厂。中国香港的合作伙伴则已经获得了印度尼西亚政府颁发的许可，正准备在印度尼西亚建造一家涂料厂。

市场规模是一个重要的决定性因素。印度尼西亚的人口超过两亿，而韩国人口仅3000万，是印尼的15%。当时，两国的GDP不相上下。吉克建议公司着眼于两国人口规模之外的其他新兴趋势。韩国的GDP预计将以每年10%以上的速度增长，而印尼的增长速度则在 3% 左右。此外，韩国拥有更高的整体教育水平，对教育也有更多的投入。吉克支持韩国合作伙伴的提议，但企业领导层决定与中国香港的合作伙伴开展合作，在印尼建造一家涂料工厂。

仅仅过了五年，该企业就关闭了印尼的工程，关掉了零售店，并清算了合资企业的债务。这家曾经非常成功的涂料和化学企业从中得到的经验教训就是，未能准确预测趋势的代价是惨烈的，仅靠市场规模是远远不够的。企业未能准确地预测两国经济的发展前景。印尼的平均家庭收入并不足以推动在涂料和装饰零售店的消费。

成功的商业是让产品和服务处于一个真正市场趋势的漩涡中，随着时间的推移有着可持续的动力。趋势大多是在事后，在有了足够的稳定的指标来衡量它们的影响时，才异常明了。真正的挑战是透过挡风玻璃看到正在发展中的趋势，预测出它的方向和范围。

吉克·楚分享的另一个故事

错过趋势会对企业产生长期的负面影响。吉克·楚为此又分享了另一家企业未能认识到趋势价值的"反面案例"。

让我们回到移动革命的早期。两家迅速崛起的创业公司来到韩国寻求当地科技企业的投资。其中一家创业公司为手机开发了一套独特的芯片组，另一家则开发了一套智能手机操作系统（OS）。

开发了芯片组的这家公司想要寻求 6000 万美元的投资。但是韩国企业并没有投资，而是与之签订了一项技术转让协议，随着时间的推移，向这家创业公司支付一定的初始授权费用和使用费。这在当时似乎是一个明智且低风险的决定。然而，这家韩国企业未能准确预测移动革命的发展前景和生命力。移动计算的实力和持久性让这家韩国企业最终支付了高达 3 亿美元的使用费。这家韩国投资企业得到的教训就是：未能正确识别趋势的方向和范围，其代价亦是巨大的。

另外一家开发了智能手机操作系统的创业公司也来到韩国寻找融资机会。这家公司联系了不少投资企业，但都吃了闭门羹。如今，这个智能手机操作系统是美国一家企业最大的收入来源。对于韩国的这些曾经拒绝投资的企业来说，操作系统的许可使用费高得惊人。有一家企业为了使用这个操作系统支付了数十亿美元。

吉克从这些韩国企业以及其他企业中得到的教训是："当你遇到一种有潜力的技术时，要紧紧把握住。如果你没能及时看到趋势的力量，以后你将为此付出更多。"吉克同时也指出，发现趋势并不容易，这需要良好的技术判断和远见。这种远见可以激励"我们可以做得更好"这种想法，它不应被企业的自负或爱国主义所掩盖。

如今，吉克是一位退休管理人员，为希望进入韩国市场的企业担任登山向导。吉克·楚有很多引人入胜的故事可以讲，你将在第 3 章中听到更多故事。

在决策初期，你应该探索对你想要进入的国家有影响的趋势。密切关注：

* 该国国内的重要问题；
* 该国家所处的经济发展阶段。

当趋势对你有利时，它们将会是你强大的**加速器**。它们会推动你进入到国内市场并产生需求。你可以利用这些趋势与市场接触，建立国内合作关系并吸引客户。

当趋势与你背道而驰时，它们将会是你的**障碍**。有时候，它们还将是难以逾越的障碍。你必须决定自己愿意承担多少风险来迎难而上。

如果你脑海里有一个积极乐观的声音在说："没问题，我们出发吧！"这时候，你应该首先分析你愿意付出的投资水平。你要投入最少的时间、财力和人力来降低风险，并验证成功的可能。

另一方面，如果你脑海中有一个理想主义者的声音在说："这是一片处女地，没有竞争对手。我们可以在这里开创新的天地，我们将成为潮流引领者，而不是趋势的追随者。"这时，你就需要谨慎起来了。确实，每个行业和国家都有潮流的开创者，我们从不会说："别，千万别这么做。"但是，如果要这么做，一定要万分谨慎。制订一个计划，将这个国家作为一个"可控的实验"，设定基准，为止损和增加投资建立杠杆点。严格执行你的计划，密切监测各项数据。就像对待股市一样，不要太情绪化。我们不能否认先行者确实具有极大的优势，但也存在极大的风险。别忘了，当年无数毅然前往西部却一无所获的早期美国开拓者。

评估趋势。做出好的商业决策。好的决策能给你带来回报。糟糕的决策会让你的经历一团糟。

一个国家的重要问题会对其民众、企业，以及政府的政策产生影响。因此，不仅要阅读《华尔街日报》和《纽约时报》等报章杂志，还要关注当地的新闻。注册谷歌快讯，并订阅该国首都的在线新闻媒体。在最初的几周，浏览可能阐明趋势话题的文章。之后，阅读那些可以让你更加深入了解该国国内挑战与机遇的文章。新闻故事也会帮你找出和了解该国国内的重要人物。利用商业常识中的侦察技能发现有助于帮你解决问题的政府和商业实体。这些技能将很快帮你找到那些致力于解决问题的个人、政府机构、企业和基金会。

重大问题必定是个人、企业和政府重点关注并优先解决的大事。试着围绕这些主要问题寻找计划、项目、工程和规划。如果你的产品或服务能够给这些重要问题带来积极影响，你就有了一个快速启动点，它将加速你在该国的业务。对于任何企业，无论 B2C、B2B 还是 B2G，这种加速都是极好的。

经济发展阶段

各国及其经济往往处于以下几个发展阶段之一：

* 成熟阶段（也称为工业化阶段或发达阶段）；

* 发展中阶段；

* 新兴阶段。

不同的组织或个人对某一国家及其经济所处的具体阶段看法也不相同。联合国、国际货币基金组织（IMF）、世界经济论坛，以及其他一些组织对区分国内经济发展阶段分别有不同的标准。

各国也可以通过持续发展从一种分类阶段进入另一阶段，比如表 1-1 中的"刚刚进入发达阶段"或"快速发展中"分类中所列的国家。正在发展中的国家大多都会制定政策和方案来支持经济的发展。以下是为大多数机构都认可的国家发展分类。

表 1-1   经济发展阶段

发达国家	发展中国家	新兴国家
澳大利亚、奥地利、比利时、加拿大、捷克共和国*、丹麦、芬兰、法国、德国、爱尔兰、以色列*、意大利、日本、拉脱维亚*、荷兰、新西兰、挪威、葡萄牙、新加坡*、斯洛伐克*、南非、韩国*、西班牙、瑞典、瑞士、中国台湾*、土耳其、英国和美国	阿尔及利亚、阿根廷、伯利兹、保加利亚、智利*、哥伦比亚、厄瓜多尔、埃及、格鲁吉亚、印度尼西亚、伊朗、肯尼亚、马来西亚*、蒙古、巴基斯坦、巴拿马、菲律宾、泰国、土耳其、乌克兰、阿拉伯联合酋长国*、委内瑞拉、越南和津巴布韦	非洲新兴国家*：安哥拉、布基纳法索、中非共和国、乍得、赤道几内亚、厄立特里亚、埃塞俄比亚、赞比亚、几内亚、利比里亚、马里、莫桑比克、尼日尔、卢旺达、塞内加尔、塞拉利昂、苏丹、坦桑尼亚、乌干达和赞比亚
刚刚步入发达阶段*： 捷克共和国（2008）、拉脱维亚（2014）、斯洛伐克（2009）	**快速发展中国家*：** 阿联酋、智利和马来西亚	**亚太新兴国家*：** 阿富汗、不丹、孟加拉国、柬埔寨、老挝、缅甸、尼泊尔和也门

续前表

处于中间状态的国家：	其他新兴国家：
"金砖四国"或者"金砖国家"：巴西、俄罗斯、印度和中国，包括南非	所罗门群岛和海地
* 最近几年发展迅速	

每个分类都提供了你在国际扩张时可能需要的信息。

* 联合国统计司的分类包含了丰富的人口数据，其中包括：经济、社会、环境、地理、能源、年龄和性别等方面的数据。
* 国际货币基金组织的分类包含了大量关于金融、贸易、国内生产总值、货币、支出等方面的当前和历史数据。
* 世界经济论坛的分类则考量了基础设施、交通运输、信息技术、互联网通信、创新等方面的信息。

在进行国际扩张时，有一个策略是把重心放在同属于其中一个分类（即发达国家、发展中国家和新兴国家之一）的国家。由于基础设施、教育体系和货币资源等特点类似，这个策略是行得通的。同理可知这些国家的买方行为也是类似的。需求、趋势和问题等，通常与经济发展阶段相一致。

新兴国家往往正致力于建造基础设施或人民赖以生存的重要基础。基础设施的需求可能包括废弃物处理、电力生产、交通运输、教育、医疗健康和其他基本需求。人民赖以生存的重要基础可能包括清洁水源、食品生产、空气质量、住房，以及其他如服装等基础需求。

发展中国家往往面临着这样或那样的高速增长问题。人口增长过快会加剧就业市场和住房供应的压力。快速的发展可能会消耗大量的自然资源，给基础设施带来巨大压力，并带来基本服务供应不平衡等问题。过快的经济增长也可能是一把双刃剑，在创造就业的同时也可能会耗尽周围地区的知识储备、管理人才和劳动力资源。快速的经济增长可以造就一个庞大而富裕的中产阶级；反过来，这又会带来人口迅速增长、过度发展、污染和犯罪率上升等负面影响。

在经济发达国家，大多数人口的这些基本需求都已经得到满足。所以，这些国家的问题将更多地集中在人类健康和环境保护上。他们重视信息的获取、包容性和自我表达，导致参与决策的需求不断上升。生活在发达国家的人有更多的可支配收入。他们需要能够凸显他们个人和专业特征的产品和服务。

新兴的和发展中的市场极具吸引力。

> *新兴的和发展中的市场往往会表现出较高的经济增长率。不断增长的中产阶级对电子、汽车、医疗保健服务和其他各种产品的需求也日益增长。

这些国家可以为各种产品提供制造基地。它们以低水平的工资为制造和装配行业提供高质量的劳动力，比如埃塞俄比亚、柬埔寨和马来西亚等国家。其他国家，如巴西、哥伦比亚或智利等，则拥有大量的原材料或自然资源。

> *它们是各种服务和技能的外包目的地。跨国企业在东欧、印度、菲律宾等地建立了众多的呼叫中心。戴尔和 IBM 则将某些技术功能外包给印度的知识型员工。而英特尔和微软在印度的班加罗尔设有编程中心。来自海外的投资为这些新兴市场带来了新的就业机会和生产能力，技术转让和全球市场互联等好处。

很多分析师预测，未来 20 年，世界经济增长最快的经济体将来自新兴市场和发展中的市场，而世界发达经济体则可能会陷入困境。

发展中的市场和新兴市场可能会爆发。如果一个发展中国家的经济高度依赖出口，具有强大的资金和投资流入，这就意味着这个市场有足够的钱可以进行合理的进口消费。一旦你在这些新兴市场上找到一个巨大的、尚未开发的消费价值缺口，这些消费点可能就会转化为你的产品或服务。

发达市场也存在着强大而稳定的机会。高人均收入和稳定的经济非常有吸引力。买方要求较高，希望获得新的创新服务。即便如此，他们依旧代表着一个巨大的可识别的市场基础。

难以归类

每个国家都有其独特而复杂的经济体系。事实上，没有一个国家可以被完全归类到上述某一个分类中。每个国家都有发达地区，也有新兴地区或不发达地区。即使在美国也是如此。城镇地区、大城市和首府城市比人口稀少的农村地区更加发达。一个国家面临的重要问题通常是多层次的混合。比如马来西亚的首都城市吉隆坡和该国其他郊区相比，这种差异尤其明显。再比如，纽约市和西弗吉尼亚州乡村之间的对比。"金砖国家"（巴西、俄罗斯、印度、中国和南非）就是极好的例子。在这些国家，主要城市高度发达；但是，越是往内陆深入，你会发现越来越多的贫穷地区、农业地区和欠发达地区。

你是你所在行业内的专家，而我们不是。那么，是哪些趋势正在加速你的业务在本国的发展？这种趋势是全球性的还是区域性的？又或者仅存在于特定的国家？你不需要自己回答所有的这些问题。在行业趋势方面，挖掘你的企业情报。营销可以揭开全球和区域市场趋势的秘密。如果你的业务更多地受到技术的驱动，那么就从工程和产品管理方面去探索技术趋势的秘密。如果你处于服务行业，不妨跟专业的服务型高管人士多聊聊。

趋势是你的好友。如果全球商业趋势对你有利，那么你的目标国家迟早会接受你提供的产品或服务。你面临的最大挑战是找准进入一个国家的最佳时机。你是否在研究成为先行者、快速追随者，或多数早期受众各自的优势？趋势、大趋势，甚至是被夸大的趋势，都可能是你的业务的加速器。

如果你的产品或服务有助于解决该国正在面临的关键性问题，那么你的产品或服务也会是你业务扩张的一个重要加速器。它的影响力将是巨大的。真正的趋势可以大大加快你向国际市场前进的步伐。这并不仅仅是一种乐观的说法。你的产品所能达到的可证明、可衡量和可量化结果的程度，能够显著地推动你的业务的发展。根据这些结果，你可以趁势推进你的业务：提高增长因素、股东价值、竞争排名和其他具有高影响力的结果。在影响你业务的重要问题上与推动者和变革者多多沟通合作，并赢得市场的关注！

自身优势的界定与评估

在这份自我评估表中，仔细思考你的价值主张的各个关键方面。你的价值主张是如何与合作伙伴和客户联系在一起的？你是不是以自身优势为起点的呢？

把这样的一份自我评估交给营销和产品营销团队，让他们独立评估公司在新市场上的优势，并给出他们对客户、竞争对手和趋势的见解。

把你的评估报告与来自其他部门的评估报告进行比较。这时候，你会发现一些有趣的现象。你的市场进入规划蓝本就在其中——利用大家认可的优势，同时巩固薄弱的地方。

在以下的评估中，首先要明确你的"合作伙伴"是谁。对于 B2B（企业对企业）模式，合作伙伴可以是集成商、增值分销商、制造商或服务供应商。将你们的优势相结合，一并成功占领市场。对于 B2C（企业对消费者）模式，合作伙伴可以是与客户直接接触的零售商、分销商或服务供应商。

① 给予客户的价值优势

1. 为每个产品和服务确定客户链中的各个环节。具体到细节或名称。见图 1-7：

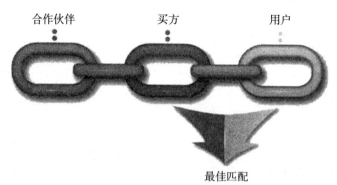

图 1-7　客户链中的环节

2. 描述你理想中的国内客户：

* 最佳匹配企业的特征；

* 买方的理想特征；

* 用户的理想特征（假如用户与买方不同的话）。

对于 B2B 服务供应商，要具体说明你的理想买家企业类型，并举例。描述出你理想的业务规模（员工数量、营收等）、行业分类、发展程度（早期阶段、发展中、成熟阶段）、业务类型，等等。按照部门、工作职能、职位等，概述买家企业内部的用户。

对于 B2C 服务供应商，要具体说明代表你的理想买方和用户的个人特征。描述他们的相关特点，比如性别、年龄、收入水平、教育背景、兴趣爱好、政治取向、来自城市／郊区／农村，等等。

3. 为客户链中的每个环节（如问题 1 所示）写下价值主张：

* 你的驻地国国内合作伙伴的价值主张是什么？

* 买方的价值主张是什么？

* 驻地国国内用户的价值主张是什么？

针对价值主张，你可以使用你自己的模板，也可以使用斯坦福国际研究院给出的 N-A-B-C 结构来分析：

* 合作伙伴 / 买方 / 用户的需求是什么？
* 你的方法是如何解决这些需求的？
* 你的方法能为合作伙伴 / 买方 / 用户带来怎样的单位成本收益？
* 这些收益跟驻地国国内的竞争性替代品为合作伙伴/买方/用户提供的收益相比，
  结果如何？

4.针对客户链中的每个环节，用专业的术语描述"四个为什么"，以便驻
地国国内的合作伙伴、买方和客户使用。包括：

* 特点或特性；
* 能力或功能；
* 价值和好处；
* 影响和结果。

② 自身起步优势

1. 你的目标国家是哪个或哪些？

2. 你打算将哪些产品和 / 或服务推向国际市场？

对于每个产品和 / 或服务，回答以下问题。

回答"是"则意味着你具有起步优势。

* 是现有的产品或服务吗？
* 如果该产品和 / 或服务已经在本国以外的市场销售，新国家市场的客户特征是
  否与已经取得成功国家市场中的客户特征一致？
* 如果还未在本国以外的市场销售，新国家市场中的客户特征是否与本国的客户
  特征一致？

③ 自身竞争优势

1. 目前的竞争对手有哪些？

a. 它们之间是如何竞争的？

b. 它们之间是如何瓜分市场的？

2. 该国市场上有哪些其他选择、代用品或替代品（除了以上所列之外）？

3. 你的独特、创新和有吸引力的不同之处是什么？

评估你在该国市场上的相对竞争地位：弱、一般或强。

* 你的产品跟竞争对手提供的选择和替代品相比，如何？

* 买方的兴趣强烈、一般还是很弱？

* 若买方有购买的意愿和能力，他们的购买欲望有多强烈？

* 你期望用户给你怎样的重要级别？

④ 顺势优势

1. 影响驻地国国内个人、企业和政府的五大趋势是什么？

2. 你的产品或服务是否与该国所处发展阶段的需求相一致？

3. 列出驻地国国内的五大趋势。

趋势 1：_____

趋势 2：_____

趋势 3：_____

趋势 4：_____

趋势 5：_____

4. 你是落后者、跟随者，还是领导者？你处于弱势、中等还是强势地位？

* 评估你的业务是否与上述该国五大国内关键趋势一致。

* 评估你的业务是否与该国国内经济发展阶段一致。

* 评估你的业务是否与行业内的全球趋势一致。

第 2 章

降低风险

以下哪种情况更糟糕？是被炒鱿鱼还是当众出丑？对金俊浩（Joon-ho Kim）而言，当众出丑是最糟糕的事。在同事面前颜面扫地是他难以承受的，这甚至可能会影响到家人。金俊浩很焦虑，和 TolpaTek 公司合作到底是对还是错？

TolpaTek 公司发现，亚洲一些国家，特别是新加坡和韩国的一些企业对公司的产品和服务很有兴趣。有一条问询很快从略感兴趣转化为认真地调研。所以，亚历克斯要求西海岸负责人凯西（Casey）继续跟进。

一家韩国科技系统集成企业对把 TolpaTek 公司的服务引入韩国市场非常感兴趣，并认为自身现有的客户群内部有极大的潜力和机会。几经商讨和实地考察之后，这家韩国企业和 TolpaTek 公司决定展开合作。

韩国企业方面希望借助这次合作引发关注。因此，它们特地邀请 300 位宾客于周一莅临一家五星级酒店享用早餐，聆听主旨演讲，观看演示，并参加新闻发布会。

这真是一件大事！发布会举办地定在韩国首尔的丽兹卡尔顿酒店，受邀出席的 300 位宾客都是该地区业内的知名人士。

凯西的航班于周日上午准时抵达首尔，这给了他适应的时间。他原打算洗个澡，改改演讲稿，检查检查活动方案，并跟合作伙伴讨论一下活动的最后细节。

到达酒店之后，凯西很激动，他决定先不洗澡，而是直接去会议厅。会议厅是丽兹卡尔顿酒店内一个宏伟典雅的大厅，能够轻松容纳受邀出席的 300 位业内名人。这一切看起来都棒极了！韩国方面负责与 TolpaTek 公司联络的是金俊浩先生，他已经检查了每一个细节。舞台设计得非常漂亮，并且配备了先进的设备供演示、讲演和自由讨论时使用，凯西只需要登录并获取明天演示要用的软件就可以。

凯西想熟悉一下流程，但在他上网登录的时候，页面上突然弹出了一个窗口，上面写的是韩语，所以他让金俊浩先生帮忙翻译。金俊浩很诧异，他不相信那台用于演示访问的电脑上显示的系统不兼容。呀！怎么会这样？

TolpaTek 公司设计的系统具有普遍兼容性，至少凯西这么认为。韩国的科技创新在全球处于领先地位，而且合作伙伴为这次大型的高水准盛会提供了最先进的硬件和操作系统。

但是，TolpaTek 公司最新发布的版本还没有经过兼容性测试。现在他们脑海中的声音叫嚷着"怎么办？怎么办？"系统无法使用。凯西和金俊浩先生表面上看起来非常平静，但实际上快疯了。合作伙伴为筹备此次会议花费了数万美元（超过 1000 万韩元），然而现在他们只有不到 24 个小时的时间来解决这个问题。

金先生开始打电话给他知道的每一个人。但是在周末联系到别人非常困难。凯西也开始打电话给 TolpaTek 美国公司的技术支持部门，该部门周日没人上班，他最终联系到了一个值班的工程师蒂姆。凯西和蒂姆讨论了当下的情况，但是蒂姆也没有解决办法，但他联系了开发部主管，开发部可能正在研究互用性。遗憾的是，该技术预计明年才可以进入美国市场，所以现在这方面的工作还没有开展。

虽然凯西心烦意乱，但已经开始思考备用计划。或许他可以做讲演，做演示，并展示一些截图。虽然这么做肯定不能满足观众的期望，但他又有什么办法呢？

最终，下午 3 点左右，金俊浩联系到了一个有兼容设备的同事，不过他在首尔南部 200 英里（约 320 千米）的釜山。金先生坚持凯西应该留在酒店为明天的会议做准备，但凯西说："我们应该同进退"，然后和金先生一起上车。他们一路向南驶去，虽然往返路程都需要四五个小时，而且并不全是高速公路，还好周日下午没遇到堵车，所以他们顺利地拿到了演示所需的兼容系统。

当凯西和金先生回到酒店并把系统调试好之后已经 5 点了（是的，早上 5 点）。没有睡觉也没有洗澡，4 小时之后就要上台演示了。凯西和美国的工程师通了电话，确保所有设备的功能都能正常使用。

7 点钟，一切就绪，凯西告诉别人他的黑眼圈是时差造成的，而金先生虽然疲憊不堪但仍保持着了良好的状态。最终，活动圆满结束，韩国公司也顺利地成为 **TolpaTek** 公司的顶级经销商之一。而凯西和金俊浩之间建立了一种特殊关系，这种关系不仅有尊重、信任和友谊，还包括了这个秘密又惊险的经历。

如果凯西当时能多调查一下韩国的情况，或者更好地与金俊浩合作，在会议开始之前他也许就能睡上一会儿。一个成功商人的标志就是他可以从自身经历中学到很多东西。从这个故事中我们可以学到：做最坏的打算。如果要出现问题，那问题总会出现，但是如果提前做了准备，问题就可以解决。只需要提前做好功课，就可以避免出现简单的问题。

降低企业风险

当机会来敲门，一定不要错过。"机会从来不会被浪费，如果你错过了，自会有别人来把握。"

大多数企业都是在意外的情况下开始国际化进程的。

这一过程充满随机性。比如在一个贸易展会上，来自国外的参展者来向你了解你的业务，他可能就是一个潜在的客户或合作伙伴，然后进行一场富有成效的谈话，可能还会有人邀请你到他的国家实地考察，探索合作机会。

机会就这样来到你的身边。一个潜在的国际客户或者合作伙伴可能会通过电话、邮件或信件等方式联系你。他正在寻找机会，最终找到了你，而你只是像往常一样做着业务，并没有想到要把业务发展到那个国家。

你收到了一个请求。当前的一位跨国企业客户或者合作伙伴询问他们能否在其业务所在的其他国家用上你的产品。贵公司在本国的销售人员急于做成这笔生意，考虑向这家企业出售产品的可能性，并让客户（或合作伙伴）从那里购买产品。

如果这是一个可靠的伙伴提供的机会，这将在很大的程度上提高你的国际扩张速度，甚至会成为你进入驻地国的敲门砖。下一章中我们将会介绍更多相关内容。

如果这是当前或潜在客户提供的机会，那这可能是你在一个新的国家或地区的第一笔业务，或是启动销售业务的开始。所以你需要检验这个客户成为你的第一个概念证实客户，以及成为驻地国推荐人的可能性。第 4 章也会介绍更多这方面的内容。

一定要做好功课。的确，这种可能性会让人觉得兴奋，但审视这个机会，评估风险也很重要。不过，这只是一个有关平衡的问题，不要因为耽搁于分析情况而错失机会。有些国家更适合贵公司的发展，所以你需要多做些尽职调查，以便做出明智的决定，使公司业务在另一个国家能够成功发展。你肯定不想错过一个好机会。罗伯特说："国际业务做得最好的公司最有常识。"

企业选址：一次一个国家

很多企业都说要"走向全球""带领企业走向国际化"或者"把业务拓展到欧洲（或者非洲、南美、亚洲或其他地方）"。但我还是要遗憾地告诉你，世界上共有近 200 个国家和地区，所以"走向全球"不可能像打开电灯开关或者在恒温器上调温度那样简单。

很多美国企业认为"走向国际"简单易行是在美国做生意的特点使然。

从洛杉矶出发，飞过美国 48 个州，到达波士顿的距离是 3500 英里（5630 千米）。距离虽远，但这两个地方使用同一种语言和货币，地区之间差异甚微。

相比之下，从葡萄牙到哈萨克斯坦的飞行距离是 3800 英里（6166 千米），却跨越了 52 个国家，这些国家使用超过 100 种语言和 12 种货币。

有一个著名的问题："如何才能吃下一头大象？"答案是："一口一口地吃。"这句古老的非洲谚语向我们揭示了企业走向全球的方法。把业务扩张到全球，一次只瞄准一个国家。企业国际化要有这样的思想准备：起步时发展速度会比较慢，但当你的企业获得了法规、语言、货币和其他方面所需的专业知识时，发展速度就会加快。

企业走向国际化的过程就像变阻器逐渐调节光线的强度那样，或者用恒温器慢慢改变温度一样。将业务发展到全球，要逐渐地增加驻地国，一步一个脚印地增加国际业务密度。

如果你正在把业务"拓展到欧洲"，那就应该有一个这样的计划：先把业务发展到欧洲的一个国家，然后利用在这个国家的一个或多个发展特点把业务带到另一个国家。从下面这些例子中，你可以学到如何选择业务发展登陆点，然后将业务拓展到欧洲。

1. 相容的贸易区块国家（这些国家有共同之处）：
* 选择几个使用同一种货币的国家，比如欧元区的国家。首先选定一个国家，然后把业务拓展到其他国家（比如奥地利、比利时、芬兰、法国、德国、希腊、爱尔兰、意大利、拉脱维亚、荷兰、葡萄牙、斯洛伐克或者西班牙）。
* 选择政府间合作的区域，比如斯堪的纳维亚诸国（丹麦、挪威、芬兰和瑞典等）。这些国家之间已经减少或消除了贸易壁垒和关税。

2. 相容的语言 / 交流方式：
* 重点放在英语国家——从爱尔兰开始，接着把业务拓展到英格兰和苏格兰。
* 重点放在德语国家——从德国开始，然后扩张到奥地利、瑞士、卢森堡、列支敦士登、比利时东部和意大利北部各城市。
* 除了语言互通，你也可以考虑文化交流和决策风格——比如日本和韩国的决策文化都是合作、集体的风格。

3. 相容的地理状况：

* 选择接壤的国家，比如瑞士与法国、德国、意大利和列支敦士登接壤，而且瑞士人会讲多种语言，包括德语、法语和英语。

* 同时也要注意交通便利性——不管是铁路运输、公路运输还是空运都要保证有可靠的海关及进出口流程。

选择一个地点而不是多个地点。注意，不是多个地点！走向国际化要一步一步来，每次只把业务发展到一个国家，一开始发展速度比较缓慢，但之后速度会加快。是的，我们又重复了一次，你已经接受这个观点了吧！

一次只把业务发展到一个国家

要想在一个国家发展业务，一定要了解当地的客户和市场。奥地利人和德国人不同——虽然他们使用同一种语言。每个国家都有各自的特点。法国和西班牙不一样，即使两国接壤。在希腊发现的问题也会和在英格兰发现的问题不一样。

在拉脱维亚，你的产品可能会被当成正儿八经的止痛药，而在爱尔兰也许只会被看成一种健康饮品。

政治局势

一个国家的政治局势通常也被称作"政治气候"。为什么这么说呢？政治和气候有什么联系？如果换个词，称之为"政治天气"也许更加恰当，因为政治的变化阴晴不定，转换很快，就像席卷美国中西部大平原的雷雨风暴一样。

本国和目标国家之间的政治关系也可能会成为发展业务的障碍。你无法控制两国之间的关系，所以首先要做的就是调查。在投入时间和资源把业务发展到一个国家之前，要先了解一下两国政治关系的历史、现状和未来发展方向。

要注意：政治上的结盟像天气一样变化迅猛。如果两国的政治关系明显在恶化，那你最好选择另一个国家来发展业务。

随着时间推移，许多国家的立场会随着政治气候的变化而变化。这会影响到世界上任何地方的国家，无论这个国家的大小。比如最近发生在克里米亚、古巴、委内瑞拉和越南的事情，类似的例子还有很多。这些国家政治气候的变化会直接影响你的全球化进程，下面这几个例子可以说明为什么你需要根据政治气候大幅调整商业计划。

在过去的 100 年间，已经有至少五个不同的派系控制过克里米亚。第一次世界大战后，克里米亚成了苏联的一部分。第二次世界大战后，苏联与美国的关系因为冷战降至冰点。到了 1954 年，虽然克里米亚仍是苏联的一部分，但政权已从俄罗斯转移到乌克兰，因此克里米亚放宽了与西方国家贸易往来的政策。1991 年，当克里米亚成为新独立的乌克兰的一个自治共和国时，进一步独立为其带来了更多贸易选择。2014 年初，当俄罗斯军队占领该地区时，克里米亚再次处于波动的过山车上，重新将控制权转移给俄罗斯。美国和俄罗斯的关系一直紧张，经济制裁和武装冲突的威胁一直存在。

多年来，古巴和美国关系都非常紧张，部分原因是 1961 年共产主义革命后，美国政府颁布了禁运令，对古巴实行贸易禁运。由于两国外交关系中断，加上经济制裁，在古巴经商的美国企业损失惨重，工厂凋敝，客户流失。2015 年，美国恢复了两国外交关系。虽然现在局势在朝着有利的方向转变，但对古巴的禁运令还未解除，所以面对商机仍要小心谨慎。

委内瑞拉与美国的外交关系一直起伏不定。20 世纪 70 年代，两国的外交关系良好，委内瑞拉是美国人热衷的度假胜地。委内瑞拉和美国政府在贸易、投资和毒品控制方面联系密切。然而 90 年代后期，两国关系紧张程度不断加剧，最终委内瑞拉与美国断交。2007 年，委内瑞拉政府攫取了数十亿美元的石油利益，埃克森·美孚（Exxon Mobil）和康菲石油（ConocoPhilips）离开委内瑞拉并起诉该国政府，要求赔偿。现在，美国对委内瑞拉的经济制裁仍未解除。

越战在很大程度上仍旧影响着越南和美国的关系，很多越南人称这场战争为"抗美战争"。经过 20 年痛苦的经济政治约束，1995 年美越关系终于正常化。自美国驻河内使馆和驻胡志明市（之前叫西贡）领事馆重新开放以来，美越两国政治和经济交流不断拓宽。虽然某些越南人民仍旧无法忘记"抗美战争"，美国退伍士兵和一些其他美国人也对越战念念不忘，但现在美越两国有着非常积极的外交关系。

政府类型是社会运行的框架。它能够影响商业决策的制定。政府的监管水平、私人所有权和其他关键因素也会影响你的业务。政府执政时间的长短会影响决策过程、协议条款和稳定性。一个国家国内的主要派系以及其他在该国开展业务的国家，对政府行为和原则都有一个内部接受度。而稳定性是内部接受度的首要主观衡量标准。

如果你的目标国家政治局势看起来不错，那么了解该国政府的这几件事很重要：

  * 政府是什么类型？
  * 该政府执政了多长时间？
  * 当前政权是否很稳定？

思考一下企业与政府的关系将如何影响你的业务发展。比如，一个政府支持你进口产品，或者支持你到该国开展业务。要与管理你所在行业的政府部门建立关系。如果你的业务发展能为这个国家创造就业机会或建立专业知识体系，那你就要与经济发展部门建立关系。

然而，想要保持与政府的良好关系并非易事。在驻地国，会有暗潮涌动，会有看不见的手在控制局势。如果是一个典型的销售场景，就有一位有否决权的政情先生把守大门，他可以阻止你开展业务。更糟糕的是，他可能会允许你在当地投入金钱、时间和资源，但最终不会让你取得任何真正意义上的成功。所以要谨慎评估政治局势，确定局势是否对你的发展有利，以及是否有其他国家更适合你的业务发展。

如果一个国家的政治局势不稳定，甚至在恶化，那你最好选择另一个国家开展业务。这样就可以观察事态发展，等待风暴过去。

政治确定性很难评断，不过你可以咨询大使馆，调查贸易关系，参考本国和国际新闻。你和你信任的人如何看待当前政治局势？你们可以独自或一起分析评估政府稳定性、协议、决策过程、透明度、政府行为、腐败和其他指标。要相信直觉，因为直觉往往是对的。图 2-1 是对政治确定性的影响的解释。

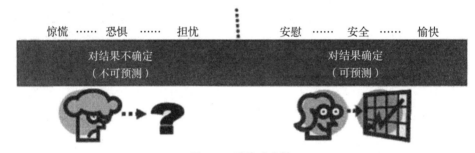

惊慌 …… 恐惧 …… 担忧	安慰 …… 安全 …… 愉快
对结果不确定 （不可预测）	对结果确定 （可预测）

图 2-1　政治确定性

如果你带来的新的生产工具能促进驻地国主要产业的发展，或更好地利用自然资源，政府的支持会给你很大的帮助。政府可以是拦路虎，也可以给予你帮助，这取决于你是否主动让政府官员来参与并和他们建立关系。

虽然美国和驻地国之间的关系并不总会加速业务的发展，但在特定的情况下，良好的外交关系可以成为业务发展的敲门砖。

共有的道德标准很有价值。我们来看一下庄臣公司

（S.C. Johnson）的例子。庄臣公司是一家美国家庭清洁用品制造商（公司网址 www.scjohnson.com），业务遍及 110 个国家。该公司以生产地板蜡起步，现如今，公司旗下有超过 35 个知名品牌，包括 Drano、Pledge、Saran Wrap 和 Windex。

在公司的发展历程中，一直与政府保持着牢固的关系。在 20 世纪 30 年代，为了保证能有持续的棕榈蜡用来生产公司的主打产品，H.F. 约翰逊（H.F. Johnson）前往巴西主持工作。后来，公司在当地建起种植园，然后又建立工厂，为当地居民提供了工作机会及相关培训。不管在哪个国家建厂，该公司都要建立一套可持续的经营流程，而且还会与当地社区和政府建立良好的关系。这样一来，公司不仅拥有高度完善的工作环境，还在人才和教育方面进行了投资。

现在，庄臣公司仍和巴西政府保持着良好的关系，并且经过巴西美好工作地点协会认证，成为了巴西"最佳工作地点"。庄臣公司在 72 个国家经营着业务，而且每个国家和地区都不断地给予其支持与帮助，这降低了该公司进入新地区要承担的风险，并提高了成功率。

各个行业都有很多成功的例子证明：重视企业伦理，树立企业道德高标准是其业务成功的标志。这些道德标准反过来又会影响国家、雇员、客户和企业本身，股东会给企业的发展设置道德底线。美国道德村协会（www.ethisphere. com）定义、推进并衡量着企业商业行为道德标准，推动企业发展自己的特点，建立市场信任并取得成功。近些年，埃森哲、好事达保险、思科系统、英特尔、迪尔、领英、微软、罗克韦尔和其他许多企业都已获得企业道德认可，由此为企业带来了积极影响。

从以下这些例子中，你可以看到政治、政府和道德在企业选择驻地国的时候会产生什么样的影响。

* 政治形势对业务发展的影响需要认真考量：当在一个国家开展业务的时候，当地政府的态度如何？是鼓励？支持？中立？不闻不问？还是百般阻挠？永远要当心可能出现的腐败状况，不完善的司法和知识产权保护体系，以及来自政府方面的障碍。

* 政治形势对客户方面影响的考量：如果要和一家来自美国的企业合作，客户是什么态度？渴望？同意？勉强？还是不愿意？

* 政治形势对个人差旅方面的影响，需考量个人安全，以及能否自由出入企业所在国家、地区或城市。

* 入驻所需其他工作方面的考量：包括费用、入驻时间、法规要求、认证程序和政府的各项审核批准手续。

语言与交流

还记得电影《铁窗喋血》（*Cool Hand Luke*）里的那句著名台词吗？"我们得到的只是失败的沟通。"

对每一个成功的奋斗者来说，沟通能力都很重要。沟通是双方之间有意义的信息交流。这里的双方指买卖双方、协议中的合作伙伴、供应商和客户、委托人和代理人，甚至是夫妻双方。

我们都知道沟通是如何起作用的。友谊、约会、伙伴关系和婚姻中的沟通并无差别。沟通有效是最好的，如果沟通不起作用，那就要当心。引用另一部著名电影《阿波罗13号》（*Apollo 13*）里的台词："休斯顿，我们有一个问题。"有效的沟通需要双方在同一个情境中传递、解释信息。

语言无非是一个典型的减速带。语言问题让很多企业望而却步，不敢走向国际化。的确，语言是产品标识、文件编制、协议制定时必须要考虑的因素。但这些问题都可以解决。

即使是使用同一种母语的人，也会产生语言交流问题。以 "Application"一词为例。在商务会议中，有些表达看似简明，如 "我们创新的 Application可以提供这些、那些和其他的东西。"但此类表达很有可能会让听众产生不同的理解。

TolpaTek 公司执行副总裁亚历克斯向四位主要主管发出了会议邀请。会议主题是新加坡的 Application。在会议通知中，他要求每位主管准备好对这个重要市场的发展提出自己的 Application，以便在会上讨论。

周四上午 10 点，大家来到会议室准备开始讨论。

* 工程部主管萨米尔（Samir）迫不及待地想开始，因为工程师们为开发、配置适合新加坡的电脑软件一直在加班。

* IT 部主管杰西卡（Jessica）和市场部主管迈克尔（Michael）准备了手机 App 演示模型，该模型可以让用户通过移动设备访问系统。新加坡官方语言有四种：马来语、普通话、泰米尔语和英语，该模型在每一种语言模式下均能使用。

* 人力资源部主管泰勒（Taylor）研究了当地的招聘方法，并为新加坡求职者制作了专门的申请表。

亚历克斯宣布会议开始，首先感谢各位出席，并且表明："今天会议的主题是新加坡的 Applications。"每个人都点头表示同意，好奇地看着其他人，热切期待开始讨论大家准备的东西。

亚历克斯继续说道："今天我们着重解决针对新加坡市场的工作流程设计。"什么？这下大家满脸疑惑，看看亚历克斯，又看看周围的同事。"是不是走错了会议室？"

每个人都准备好要讨论适合新加坡的 Application。然而，每个人对 "Application"的理解完全不一样。萨米尔准备讨论计算机软件，杰西卡和迈克尔准备了一个手机 App，泰勒准备的是求职申请表，而亚历克斯想讨论的却是工作流程在发展业务时的应用。怎么会这样呢？

对 "Application"的这四种理解虽然无误却大相径庭。

根据部门特性和对"Application"的理解，他们对这个词的诠释都没错，然而亚历克斯召开这次会议的本意却并非如此。类似的事情在任何人身上都可能发生。

即使使用同一种语言，交流时也会出现问题。而这些问题在使用多种语言沟通时会被放大。所以要提前做好准备：工作内容需要准确地翻译。

全球范围内有 7106 种现存语言正在被使用。据 SIL 国际的数据显示，其中登记了使用人口的语言就有 6000 种，而经常使用的也有 560 种，占总数的 8%。不过，好在你不需要把企业的产品界面和配套文档翻译成所有语言。

英语是许多国家的商务语言，也是许多国家大部分人口使用的主要语言。

把美国的业务发展到一个主要使用英语的国家有很多好处。产品和服务进入目标国家的时候可能只需要在语言上稍做修改就可以。表 2-1 是以英文为官方语言的国家。

表 2-1　　　　　　　　　　　英语为官方语言的国家

国家	所属地区	人口	英语为官方语言
英国	欧洲	63 705 000	是
加拿大	北美洲	34 880 000	是（除魁北克）
澳大利亚	大洋洲	23 520 299	是
爱尔兰	欧洲	4 581 269	是
新西兰	大洋洲	4 433 000	是
巴哈马	加勒比海	371 960	是
美国	北美洲	318 224 000	是

也有很多国家的主要语言不是英语，但实际上有大部分人在使用英语，英语可能是他们的法律语言，也可能会和当地语言混用。如果从这些国家开始开拓国际市场，也许会有一个良好的开端。表 2-2 列出了一些以英语作为通用语

的国家。

表 2-2 英语为通用语的国家

国家	地区	人口	英语为通用语
印度	亚洲	1 247 540 000	是
巴基斯坦	亚洲	165 449 000	是
尼日利亚	非洲	148 093 000	是
其他 18 个非洲国家	非洲	128 720 000	是
菲律宾	亚洲	90 457 200	是
南非	非洲	47 850 700	是
坦桑尼亚	非洲	40 454 000	是
肯尼亚	非洲	37 538 000	是
苏丹	非洲	31 894 000	是
乌干达	非洲	30 884 000	是
巴布亚新几内亚	大洋洲	6 331 000	是
新加坡	亚洲	5 312 400	是

以英语国家为目标是一个很好的商业提议。以英语为主要语言的前六个国家贡献了全球 GDP 的 33%，如果加上那些实际上以英语为主要语言的国家，这一数字将超过 38%。

语言同样关系到产品命名和全球品牌战略方面的问题。虽然英语是全球通用的商务语言，但驻地国的产品名称及品牌命名方式仍值得调查研究。尽管使用全球统一的名称会更方便各个国家的客户辨认，但这并不意味着产品名称在全球范围内必须统一。同一个产品在每个地方的特点、功能和定价可能会有所不同，因此，在一些特定的国家或区域改变产品名称对业务发展也可能会有所帮助。

另一点值得注意的是，产品名称或者公司名称被翻译成另一种语言时可能无法译得非常完美。在此方面，汽车行业有一些幽默有趣的例子。

1962 年，通用汽车旗下品牌雪佛兰推出了一款紧凑型汽车。这款车的设计初衷是简简单单，回归本质。该款式共有三种车型：雪佛兰 II100 系列，雪佛兰 II300 系列和 Nova（新星）400 系列。其中，Nova 车型最具运动感，车身设计与众不同，并有多种配置可供选择。一经上市，车型的名字，车身的运动感，极其实惠的价格就在美国引起了很大反响。车型的名字 Nova，很容易让人联想到新奇或新颖的设计，吸引了追星族的眼球。不管该名字的初衷是什么，到了 1969 年的时候，Nova 这个名字替代了雪佛兰 II。

通用公司通常会把旗下的汽车销往国外，有时还会在国外使用和国内一样的产品名称。Nova 系列在销往墨西哥和其他西班牙语国家时，仍然使用 Nova 这个名字，然而销量并不理想。经过调查他们发现，在西班牙语中，"Nova" 的意思是"不去"。这是事实还是市井传说？无论如何，惨淡的销售业绩说明了一切。

福特汽车在销售 pinto（斑马）汽车时也发生过类似的事情。pinto 是福特公司于 20 世纪 70 年代初推出的一款微型车。车身具有运动感，并使用双色油漆，该车能让人联想到身上有两种颜色的斑马，所以取名为 pinto。福特公司发现，此款车在如巴西这样的葡萄牙语国家销量并不好。后来该公司了解到 "pinto" 在葡萄牙语中是"小阴茎"的俚语，所以，没有多少葡萄牙男性想买这款车也就不足为奇。于是，福特公司又把该款车重命名为 "Corcel"，也就是葡萄牙语中骏马的意思。即便如此，也没能挽救上一个名字带来的混乱和问题。

以下是在选择目标国家时语言产生的影响。

*对客户方面的影响包括：员工培训、产品标识、产品介绍和产品名称。

*对业务方面的影响包括：工作流程、文档记录、产品定价、产品包装和基本

礼节。

* 对差旅方面的影响包括：乘坐出租车和公共交通。

* 进驻该国所需考虑的其他方面：包括译员或商务／旅行向导。

经济形势

主要经济趋势能够影响一个国家的繁荣，两者结合又会影响经济气候。经济气候需要考虑的不是气温、湿度和风等因素，而是失业率、汇率、通货膨胀、工业生产、收入和其他因素。

一个国家的经济趋势无非是一个典型的减速带。但是，如果没有把握好驻地国的经济趋势，你就无法利用有利时机或者无法避开可能出现的陷阱。经济趋势可以帮助你，但也可能会给你的商机造成障碍。

衡量或理解经济模式的理论和方法有很多，有些理论和方法非常合乎逻辑和数学规则，有些则不那么容易理解。但这并不意味着你需要有经济学学位或者是一个哈佛的博士。坚持了解当地的商业新闻，几个星期后，你就能够找出几个关键的经济趋势；几个月后，你将能很好地把握当地的经济发展大局。

在理想的情况下，经济趋势能成为加速器，促进业务发展。货币、汇率等大多数经济因素个人无法左右，但你可以利用经济的其他方面来获得成功。

驻地国的这些经济因素可以为你所用：

* 在失业率高的国家创造就业机会；

* 提高驻地国的工业生产能力；

* 提高驻地国的总体经济发展水平；

* 利用自然资源造福当地政府和劳动大军。

如果评估结果显示该国的经济趋势会成为发展障碍，那就要把你的目标转向另一个国家。不过可以持续关注这个国家的经济发展，选择一个更有利的时机入驻。这个时机可以是企业有更多国际发展经验的时候，也可以是更有能力承担风险的时候。

注意货币和汇率。你无法控制它们，但它们是做生意时必须要考虑的因素。货币就是钱（这一点你肯定知道）。不同的纸币很容易相互兑换，但硬币通常只在一个国家内流通使用。货币具有灵活性，比如欧元，可以在欧洲18个国家内流通。不过有些货币只能在一个国家内使用，比如泰铢。关于货币和汇率的资源很丰富，很容易找到。在网上搜索"货币转换器"可以找到多种资源，包括名牌产品和新的应用程序等。

汇率是一个国家的货币相对于另一种货币的价值。它是一个国家购买力的指标和相对价值的概念。因此，汇率可以显示出一个国家购买你的产品的能力和意愿。

购物车。如果所有的产品和服务都可以自由交易，那么无论使用哪种货币，同样的购物车内的产品和服务的相对价值相同。不过，感知价值会因为国别不同而有很大的差别。如果美国的产品和服务用人民币计算，中国客户会觉得比中国的产品和服务贵。如果以新加坡元计算，新加坡客户就会觉得价值没什么差别。提升相对价值对吸引客户和在驻地国发展可盈利的业务来说，同样重要。

长期来看，货币发展趋势会形成汇率波动。汇率像快照，而货币发展趋势则像电影，显示一段时间内的相对变化。

如果美元的汇率下降，兑换同样数目的另一种货币就需要更多美元。这说明，美元在贬值而另一种货币在增值。当美元贬值时，驻地国的客户就能以更低廉的价格购买你的产品或服务。如果驻地国经济有这样的趋势，当地的客户会持有积极的态度，因为他们的购买力在增强。如果美元贬值，而你却没做任何计划，这就坏了。美元贬值意味着随着时间的流逝，进到账上的美元不会像以前那么多了。不过，如果你的产品定价具有灵活性或有额外的利润率，那这种情况就只是一个减速带而已。

另一方面，如果入驻一个美元兑当地货币趋势正在走强的国家，驻地国客户的态度可能会比较消极。随着时间的推移，客户购买力不断降低，他们会认为你的产品的相对价值在不断升高。在这样的市场条件下，你的价值主张优势很关键。如果客户认为价值差距很大，但是你的产品非常吸引人，他们仍会继续购买；反之，他们则会把目光投向其他产品或持币观望。表 2-3 介绍了汇率变化所带来的影响。

表 2-3 汇率的影响

汇率升高	汇率稳定	汇率降低
美元走强 可以兑换更多的本地货币	无变化	美元走低 只能兑换较少的本地货币
美国购买力增强	美元强势——你的产品 相对昂贵	美国购买力减弱
驻地国购买力减弱	美元走低——你的产品 相对便宜	驻地国购买力增强
相对价值——美国商品 越来越昂贵	相对价值不变	相对价值——美国商品 越来越便宜
汇率影响—— 驻地国商品价格会增长	价格稳定	汇率影响—— 驻地国商品价格会降低
提高你的标价以维持收益	收益稳定	价格不变，收益增加
通过灵活定价来 稳定价格，留住客户		通过降价能保持收益 但非美元利润

选择目标国家时，要考虑经济趋势带来的以下影响：

* 与驻地国本土或进口的类似产品相比，你的产品定价贵吗？

* 当经济形势产生变化，你的产品或服务能否保持原来的价值、价格和利润？

* 经济形势对你的合作伙伴、供应商、服务供应商和客户链中的其他环节会产生什么影响？随着时间的推移，你的公司和生态系统里的伙伴们能否在保证销量的同时保持利润和性价比？

降低客户风险

降低客户方面的风险要注意以下两个关键方面：

* 你是否有能力吸引客户的风险；

* 客户认为与你做生意的风险。

吸引客户的风险就是寻找买方。在这个过程中，你识别和缩小价值差距的能力可以有效降低寻找买家的风险。这是第 1 章中一个关键概念：增加价值。你需要具备为客户提供价值、赋予价值和创造价值的能力。

如果一起做生意，客户方面的风险就是他们与你做生意的意愿与能力。你在驻地国的吸引力至关重要。如果一个值得信任的登山向导把你介绍给客户，你就有了一个基础。做 PoC 试用可以提高产品的知名度和受欢迎的程度。在第 3 章和第 4 章中，我们会更详细地讨论这些国际战略中的重要内容。

买方行为

你的最终目的是让驻地国的买方心甘情愿地购买你的产品。

在做销售和市场推广时，这是一个基础常识。驻地国是否有客户想买你的产品并最终做出购买决定？客户购买的能力和意愿加上已建立的需求，会促进销售额增长。如果缺少上述任一条件，你可能会做成几笔生意；但是销售会停滞不前，因为你无法创造需求。

购买能力。买家是否有充足的可用资金消费？买家是否有权限和途径获得必要的资金去购买你的产品？驻地国的商业惯例会影响客户的购买能力。能否得到资金和文化传统都会影响消费能力。在许多国家，商业决策是协作性的，需要他人的同意。日本就是协商一致做出决策的一个好例子。

购买意愿。买家是否有兴趣买你的东西？买家是否会把对你的产品需求放在其他的消费需求之前？买家是否认为你的产品足够重要，从而产生迫切感去马上购买？客户的购买需求和意愿有主观性，会随着感知价值而改变。价值是个人判断的问题。竞争会在客户衡量相对价值时起到作用。

把产品卖给男性。要把产品卖给有决定权的人，而男人可以为女人做决定。男人的英文是 MAN，这三个字母分别代表金钱（Money）、权威（Authority）和需求（Need）。这个简单的单词直截了当地总结了购买能力和意愿。缺少三者中的任意一点，销售可能都不会成功。虽然这个说法的来源尚不清楚，但在很多销售行为中我们可以看到它的影子。金钱加权力等于购买的能力，需求则是购买意愿的基础。

除了购买能力和意愿，也要注意信任（即买卖双方之间的信任）的重要性。卖家是否会如期发货？买家是否会按时付款？这些事可能充满主观性。双方要建立基本的信任。要把问题集中到驻地国客户的需求上。认真倾听有助于建立客户对你的信任。更多建立信任的方法会在第 4 章进行详述。

随着时间的推移，信任在 B2B 和 B2C 的关系中愈发重要。未来客户能否获得和现在一样的产品和服务？产品和服务的质量是否会随着时间下降？如果回头客、客户忠诚度以及客户关系对业务很重要，那么信任也同样重要。客户的动态需要长期跟踪和及时跟进，以便让他们了解到在一段长期的关系中，你的产品是值得信任的，这是一个商业常识。选定一个目标，然后进行及时跟踪，或者提前了解情况。

信任关系能够带来信心。信心是一个积极的先期存在因素，就像人们对美国产品和服务有着强烈的信心一样。一家企业在塞内加尔建立新的航班运营业务时，首先聘请了在美国接受过培训的飞行员，因为他们的知识、经验和安全记录深受尊重。与美国飞行员合作的信心于早前已经建立。反之，不确定性会让人担忧，担心有失败的风险。关于人们对于与本国产业和本国企业合作的普遍看法，你可以找找看。

通过客户案例研究和第三方评估（如行业分析文章或分析员证实），信心可以得到提高。品牌认可度及市场份额也可以做到这一点。在美国，来自可靠来源的推荐或背书有非常大的影响力。

价值投资

对客户有利的东西对你也同样有利。你的产品和服务是否值得客户投资？驻地国的市场是否值得你的企业来投资？

是的，市场规模很重要！它是可以提高业务发展速度的加速器。许多客户喜欢和其他客户一起做明智的决定。客户想知道你是否会坚持为他们服务，是否会继续为售后服务投资。驻地国的客户能够意识到如果他们的市场值得投资，你会坚持为他们提供服务。

如果产品刚刚进入一个国家，客户购买此产品时，会认为与你做生意是存在一定的风险的：他们并不了解你的产品。如果你能帮助客户开始，并长期支持他们，他们就会感到安心，知道你一直会在。当客户从别人那里看到你的产品和服务的时候，他们会肯定自己做过的决定。如果产品和服务需要附件或升级，客户需要你给他们信心，需要知道你会一直帮他们走下去。

进入一个新的市场需要投入时间、资源和资本。所以，企业肯定想知道这个市场是否值得投资，随着时间的推移，能否在这里得到适当的回报。驻地国的潜在客户越多，企业的业务发展就会得到越多推荐和帮助。不管是对客户还是对企业而言，需要的都是一个能够以有意义的方式进入的市场，而不一定是最大的市场。

这是一个数字游戏。市场的潜力有多大？目标国家的大小和人口数量并不是必要的，把产品卖给谁才重要。智利的人口比较少，但采矿业和葡萄酒产业却很发达。台湾地区的面积很小，但制造技术却很发达。

你的企业在本国已经获得了成功，所以你知道应该分析哪些数据。不同的行业和产品要分析的数据也不同。消费品行业寻找的目标客户也许是年龄在 14 岁到 45 岁之间，生活在城市并有一定家庭收入的女性。B2B 科技产品要寻找的客户可能是一家拥有 50 个以上员工，办公地点单一的企业。工业产品要寻找的客户可能是生产铝制品的企业。

不同的产品和服务有不同的市场。你应该了解要寻找的市场的特点。你可以研究数据，市场数据可以从很多渠道获取。每个国家都有数据统计部门、商务部门或经济发展部门，市场数据由这些部门负责收集、公布。在一些特定的细分市场，行业分析师也会评估、公布市场数据。

要利用杠杆，但不要跳跃式发展。加快推进速度，但不要过度扩张。利用企业的核心竞争力把优势最大化。在本国或其他国家取得成功的主要产品特征、能力、价值和影响是重要的成功杠杆。企业的核心力量来自能够利用成功的特性和功能带来的显著益处和结果。不要忘了"四个为什么"的力量。

利用企业核心竞争力，打下客户对产品的信心基础。你应该撬动当前产品的优势，不要急着布局新产品。一个全新的产品在一个全新的市场上会带来额外的成本和风险，而你的目标是将成本和风险最小化，同时最大限度地利用机会。评估哪些产品特点和属性需要改变，有些特点和属性对驻地国的客户而言并不重要，需要改变，而有些新特点则需要加入。把你的假设记录下来，建立一个模型来对比产品在本国与在新市场的特点、能力、价值和影响。

不要寻找蓝海或者空白市场。你不是在寻找一个没有竞争的市场空间，你也不是要把一个新产品带到新的市场中，那样风险太大。你需要找一个合适的市场。听起来耳熟吗？我们讨论的是从优势的角度出发的重要性，这在第 1 章中提到过。

的确，我们知道创造一个新的市场、培育新的需求可以带来高回报。但是，蓝海战略或空白市场不是我们企业国际化的第一步或进入新市场的方法。把一个新的产品引入新市场不仅对产品有更高的要求，同时也伴随着更高的风险。

所以我们建议你立足于目前的产品，从一个熟悉的、更轻松的位置开始，以便了解新市场。

只有一个足够大的市场才值得投入时间、金钱和人力资源。如果一个地区的客户对你的产品有强烈信心，了解你的产品的价值，并且该产品对客户有重要的影响，那么你完全可以利用当前的产品特点、能力，从该地开始发展业务。图 2-2 展示了如何利用核心价值进入新的国家。

在一个新的国家，乐意购买并有能力购买产品的客户能够扩大你的企业的业务，使其多元化。"多元化是一个进入新市场或新行业的企业战略。"进入新的国家是多元化的一种形式。

产品做出改变也许是必要的，但如果市场需要的是一个全新的产品，那就继续寻找目标，换一个更适合产品上市的国家。目标市场的政策、语言、商业惯例和基础设施都需要你去了解和适应。为了进入新市场并取得成功，企业需要新的技能、信息和方法，你已经应接不暇。

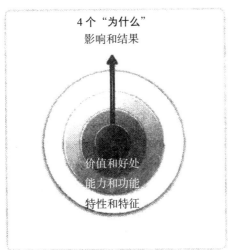

4 个 "为什么"
影响和结果

价值和好处
能力和功能
特性和特征

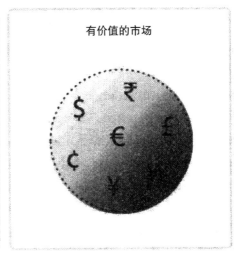

有价值的市场

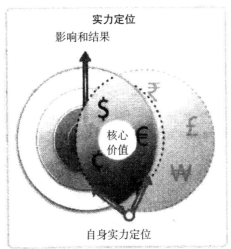

实力定位
影响和结果

核心价值

自身实力定位

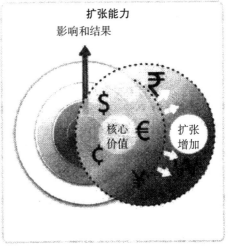

扩张能力
影响和结果

核心价值

扩张增加

图 2-2　利用核心价值进驻新国家

　　利用在其他市场获得的成功在新的市场掀起涟漪。如果驻地国的市场足够大，那么随着业务增长，企业所占的市场份额就会增多，产品在驻地国掀起的涟漪会逐渐发展成浪潮。

与驻地国商业惯例和文化保持一致

在一个国家的礼貌行为在另一个国家可能会变得无礼。

在一个国家必须要做的事在另一个国家可能并无必要。

小费是文化差异的一个典型例子。在美国，餐厅、出租车和酒店的客人习惯给服务员小费。如果对服务特别满意，一般给 20% 的小费。如果只是一般满意，就会比 20% 低。但是，即使服务很差，不给小费也会被视为无礼。而在亚洲和太平洋地区的许多国家，给小费的行为会被视为无礼。在欧洲、美洲中部和南美，许多餐厅和酒店会多收 10% 的服务费，所以客人就不必再给小费。在中东和非洲，给小费不会被视为无礼，但可能并没有这个必要。

不管当地习俗是什么，不想被视为无礼的美国人往往都会给小费。全球化正在改变许多国家的期望，也许这个国家的习惯是不给小费，但是服务美国人时除外。许多美国人习惯给小费，所以服务员总是期待从美国客人那里得到小费，但这种情况仅仅发生在美国人身上。

当你计划到另一个国家出差的时候，一定要了解目标国家典型的工作日和工作周的商务礼仪或规范。

了解如何为会面做准备：

* 着装；
* 准时与会。

注意目的国的商务礼仪：

* 对方如何打招呼，如何交换名片，如何适当地称呼彼此（名字、头衔的使用等）；
* 如何使用对方能够理解的手势；应该避免使用哪些手势；送哪些礼物比较适合；
* 如何进行会议议程。

同时注意其他商务规范：

* 对方如何进行商务招待，是否可以饮酒（在有些国家饮酒非常不合适）；
* 工作日、工作周的常态是什么；
* 有哪些节假日或纪念日。

虽然一个国家的宗教信仰和你做生意的能力并没有直接关系，但了解他们的宗教信仰也很重要。宗教可以塑造一个国家的价值体系和谈判风格。当然这些过于笼统，只是说明对与你共事的特定个体保持敏感性很重要。

国际商务礼仪规范在很多地方可以找到。你可以在网上搜索一下一般性或特定的国家的商务礼仪，如"西班牙商务礼仪"。我们最喜欢的一个内容全面的学习材料是特里·莫里森（Terri Morrison）的经典作品《亲吻、鞠躬，还是握手》（*Kiss, Bow, or Shake Hands*）及其在线学习网站 www.kissbowshakehands.com（里面介绍了非常全面的商务礼仪）。但这些有用的工具无法告诉你一切。比如鞠躬到什么程度，是简单的点头，还是腰部完全弯下的深鞠躬。

珍妮丝·赫尔斯的故事

她与驻地国一个运营商巨头建立了具有巨大潜力和长期前景的关系。现在是时候让两家企业高层领导敲定合作关系了。

珍妮丝·赫尔斯（Janice Hulse）是一家美国通信供应企业的资深销售总监，她要把企业介绍给日本的新商业伙伴。

协议已经签好，双方都任命了项目经理，最后一步就是举行高级别的会议。执行运作层面的关系已经打通，所以高层领导人之间做出尊重对方和互相承诺的表示也很重要和符合惯例。

珍妮丝带着公司执行副总裁来到日本。日方合作伙伴在一家传统茶馆里安排了一场私人会晤晚宴。然而在宴会当晚，执行副总裁说他不想应付这场晚宴，让珍妮丝一个人赴宴。珍妮丝试着向他说明晚宴的重要性，但执行副总裁只是告诉她"你去完成这件事"。珍妮丝越是恳求，越是解释晚宴的重要性，执行副总裁就越是恼火，最后他挥挥手示意她离开："珍妮丝，你去完成这件事。"

到达茶馆后，珍妮丝马上被这座历史悠久的木屋所打动，它简单优雅，可以追溯到江户时代（大约 1600 年）。小木屋坐落在一个宁静的花园里，园中花木修剪整齐。珍妮丝走进迎宾区，脱掉鞋子，走上榻榻米，向主人鞠了一躬。宾客的座位经过精心安排，双方高层面对面坐在两边中间的位置，级别稍低的人员分坐在两侧。

合作方的高管向珍妮丝打招呼，并询问执行副总裁何时到达，珍妮丝非常礼貌又带着遗憾地解释他不能出席。她表示道歉并很懊悔，日方的高管们接受了道歉。他们安静地从席间起身，高管右边的一位领导走到珍妮丝身边，告诉她晚宴取消了，并略带僵硬地把一个礼品袋给她，让她转交给执行副总裁。合作伙伴们穿上鞋子，转身沉默地离开了茶馆。

珍妮丝感到非常尴尬又羞愧。执行副总裁的缺席被合作方看作是不尊重他们的体现。商业合作关系的确是按照之前签署的协议推进，但此次合作并不像预期的那样愉快。因为美方高管缺少对日本文化的敏感性，这次会面成了一个痛苦又昂贵的教训。

从经历中快速学习是珍妮丝的一个巨大的优点，所以珍妮丝的职业生涯发展很快。她后来做过一家全球性跨国企业的国际副总裁，又在新加坡居住了 15 年以上，为东南亚地区的客户提供帮助。

文化适应的社会科学视角

和一个国家的文化习俗保持一致能够促进业务发展，反之，则可能会导致业务失败。

一个国家的文化价值观可以反映社会需求。"对比生存价值与自我表现价值"的概念来自罗纳德·英格哈特（Ronald Inglehard）博士、米格尔·巴萨内斯（Miguel Basanez）博士和克里斯琴·韦尔策尔（Christian Welzel）博士的著作。在人类基本需求难以被满足的国家，生存的价值最强。富裕国家的自我表达需求最强。

当产品和服务所体现的文化与驻地国的文化保持一致的时候，你可能会发现在非洲的一些新兴国家，生存价值比较受推崇；而在像欧洲这样的发达地区，则是自我表达价值比较受推崇。

在许多新兴国家，人们关注的是社会的基本需求和人民的基本福祉。在孟加拉国或卢旺达这样的国家，优先进口的东西要满足以下生活需求：住房、安全、干净的水、粮食生产、废物处理、电力提供和健康等。

*如果一个国家有着极强的"生存价值"观，而你的产品能够以经济高效、可控的方式提升该国人民的基本需求，那你的产品和服务将受到欢迎。

像加拿大、爱尔兰等发达国家，社会基本需求已经极大地得到了满足，所以它们会进口各种各样的商品来提高个人和社会的富裕程度。如果满足人类基本需求的进口商品能带来独特的新功能和附加的递增价值，那该进口商品仍然会受到欢迎。像瑞士和新西兰这样富裕繁荣的国家，主要进口能够提高人们创造力，增进自我表达，以及能够解决诸如环境、多元化、可持续发展、教育、医药研究和交流等问题的产品。

*如果你的产品能够促进"自我表达价值"，那该产品在富裕的国家就会受欢迎。

如果一个企业能够生产出自给式太阳能发电装置，那该产品将会同时吸引位于生存价值链两端的国家，即推崇生存价值和推崇自我表达价值的国家。在缺电地区，太阳能发电装置能满足基本的电力需求。在发达国家，可持续又环保的太阳能发电装置可以替代化石燃料。

一个简单的重力灌溉系统在新兴地区会非常具有吸引力，因为这些地区的大部分粮食生产依靠农民小面积种植。然而，这种灌溉系统在更先进、富裕的国家就没那么受欢迎了。

像第 1 章中凯文·麦考伊告诉我们的那样，一款智能手机上的健康应用在非常推崇自我表达价值的国家会更有吸引力，因为这些国家更繁荣，经济更发达。在生存价值备受推崇，基本生活需求没有得到满足的国家，没有多少人会对这款应用感兴趣。图 2-3 描述了社会经济状况与价值需求之间的关系。

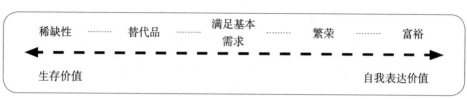

图 2-3　实现生存与自我表达需求

对你的产品和服务而言，最佳的适应区在哪里？在物质匮乏、物质丰盛还是两者之间的地区？

罗纳德·英格哈特博士还研究了另一个文化维度，将传统的宗教价值观与世俗的理性价值观进行对比。

传统的宗教价值观与世俗的理性价值观的对比有多个方面，并不是所有的因素都会影响业务在新市场的发展，但这其中肯定有一个或几个因素对客户而言很重要。我们挑选出了以下五个关键因素：进程、方法、角度、家庭和神秘主义。

对于进程中的核心因素，倾向传统的宗教价值观的国家会高度赞赏传统的做法，而倾向世俗价值观的国家则更赞赏创新的方法。在一个比较传统的国家，人们可能会更相信直觉；而在一个比较世俗的国家，人们则更加尊重科学。比较传统的国家的视角可能会以当地和国家的价值观为中心。相比之下，比较世俗的国家则对如何适应全球化有更多的兴趣。图 2-4 对实现传统—宗教与世俗—理性价值需求的关系做了说明。

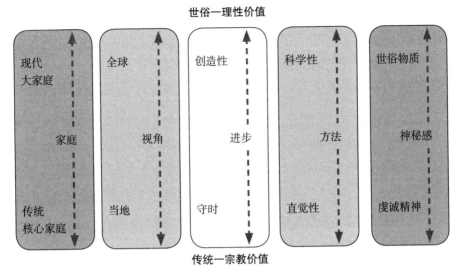

世俗—理性价值

现代大家庭	全球	创造性	科学性	世俗物质
家庭	视角	进步	方法	神秘感
传统核心家庭	当地	守时	直觉性	虔诚精神

传统—宗教价值

图 2-4　满足世俗—理性与传统—宗教价值国家的需求

　　传统与世俗价值观的对比不如生存与自我表达价值的对比那样简明，但却同样重要。

　　* 拉丁美洲和非洲的国家有强烈的传统宗教价值观，这里的人们和商人倾向用传统的方法来满足当地的需求。

　　* 而欧洲的国家，如瑞典、挪威和丹麦则有更强烈的世俗价值观，这些国家的人们会寻求更多创新方法以巩固在全球舞台上的地位。

　　运用你的专业知识和行业知识来评估产品和服务应该如何与某一维度的标准保持一致。

　　一些产品可能会更好地和某一维度保持一致却与其他维度相左；其他产品则可能"无法确定"，却适用于所有的维度。具有高端功能的 IT 基础设施和系统在两种国家都很受欢迎。第 4 章中，丹尼尔·特纳会为我们讲述更多这方面的信息。科威特算是一个保持传统宗教价值观的国家，但在升级国内主要基础设施时，他们也希望能使用目前全球最现代化和最有创新性的计算技术。

你的产品和服务将如何与传统价值或世俗价值保持一致？是否能满足更传统的客户需求或者更世俗的客户需求？没有任何一种文化或者一个国家能完全属于一种类别，所以做出评价并非易事。但是，你的评估可以为你的业务和客户细分提供最合适的建议。

* 能够促进家庭关系的游戏、活动或者度假胜地可能对那些有强烈传统宗教价值观的国家（如俄罗斯、罗马尼亚或孟加拉国）更有吸引力。

* 而具有娱乐性、安全性和环境控制功能的智能家庭设备则可能会对那些倾向于世俗价值观的人们、文化和国家（如爱尔兰、澳大利亚或瑞士）更有吸引力。

现在让我们把这两种维度放在一起，回到英格哈特博士对社会科学的评估工作上来。英格哈特博士、巴萨内斯博士、韦尔策尔博士和世界上其他的社会科学家一起完成了《世界价值观调查》，并绘制了如图 2-5 所示的世界价值观地图。

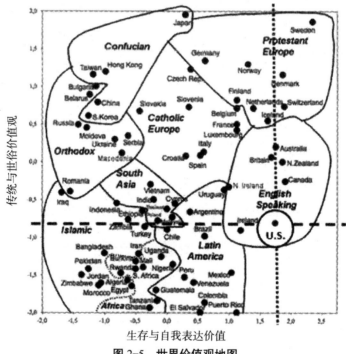

图 2-5 世界价值观地图

《世界价值观调查》旨在为人类关注的重点领域提供一个综合的衡量方法：从宗教到政治，从经济到社会生活。虽然他们做此研究的出发点和我们不一样，但我们认为该研究提供了一些有趣的线索。根据这些研究，我们可以知道哪些国家最适合你的产品和服务。

纵轴表示传统价值和世俗价值。

横轴表示生存价值和自我表达价值。

我们在世界价值观地图上画了两条线，一条水平方向的虚线，一条垂直方向的虚线，两条线均与美国相交。美国在地图上的右下方，这个位置意味着，美国的价值观偏向传统和自我表达。既然你在美国市场上获得了丰富的经验，那你就可以根据对美国市场的了解来评估另一个国家。

在水平虚线上方是比美国更世俗、更理性的国家，该区域的国家可能正在寻找能够为用户带来新产品、新能力和价值增值的产品和服务。印度欢迎能够扩大工业化的创新产品和服务，尤其是快消品和农业生力产领域。印度工业部门贡献了全国 26% 的 GDP，产业工人占全国劳动力的 22%。

水平虚线下方是比美国更传统的国家。这些地方的人们更欢迎能够提升民族自豪感或前景的产品或服务，包括能促进（或利用）国家自然资源的产品和服务，在特定领域建立一个先进的发展中心，或者支持传统的价值观。比如，秘鲁会欢迎能够促进制造业（占 GDP 的 22%）或采矿业（占 GDP 的 15%）的产品或服务。

垂直虚线左边是比美国更推崇生存价值的国家，越靠近左边的国家，这种需求越强烈。这些国家欢迎能够提高生存机会、安全水平、健康水平、就业机会、废物处理效率、电力生产、清洁水资源和提高生计的产品和服务。非洲的许多国家将会欢迎满足人们基本需求的产品和服务。

虚线右侧的国家非常少，如图所示，美国是仅有的几个高度推崇自我表达价值的国家，所以应该向这些国家提供能够促进环保、娱乐、人类创造力、获取信息、多样性或参与决策的产品或服务。

我们认为，文化方面的刺激能够加速业务发展。商业惯例和文化不在你的控制和影响范围之内，但你可以利用它们助你走向成功。

不过，如果你不知道如何在新的文化环境下与别人合作，文化刺激也可能成为减速带。所以，在入驻前要做好功课，并和驻地国的代表、登山向导合作，在开始之前要能够自如地运用当地商业惯例和文化。

和一个国家的文化保持一致，能促进业务繁荣发展，反之则会阻碍发展。下面你可以了解到商业惯例和文化将如何影响你关于目的国的选择：

* **客户方面的考虑**。文化不仅可以决定客户是否会接受你的产品，也可以决定产品对客户产生什么样的影响。把文化对业务的影响考虑在内，你就可以进一步发现哪些方法可行，哪些方法不可行。例如，在伊斯兰国家，大多数妇女头裹纱巾，所以头发喷雾在这些地区没什么市场。了解一个国家的文化能帮你判断客户是否准备接受你的产品或者是否对你的产品感兴趣。

* **商业习惯方面的考虑**。发展业务的时候，你要把一个国家的商业圈子、政府执政阶段、宗教节日、家庭假期等考虑在内。这些因素可以帮助你决定选择什么时机开始发展业务、选择什么背景的登山向导，以及确定哪种性别的人更适合完成这些工作。

* **其他业务方面的考虑**。包括对一个国家对腐败现象的看法。权利和财产分配不均会滋生腐败或不道德的行为，但这些行为可能很微妙，如优惠待遇等。也有些国家的腐败行为比较明目张胆，比如吃回扣、收受贿赂等。

对美国进口的接受度

贸易平衡、进出口活动和工业生产不仅是一个国家经济健康状况的指标，也是人们是否愿意购买国外产品的指标。"买方行为"部分提到的购买意愿也包括购买美国产品和服务的意愿。不要被"进口"和"出口"这两个词迷惑。这只是一个视角的问题：把商品带进来（进口）以及把商品运出去（出口）完全取决于你在哪里工作和生活。

在把业务从美国拓展到加拿大之前，TolpaTek 公司想利用目前能够利用的所有资源，于是亚历克斯去了趟美国商务部，并在那里获得了很多信息。这让他既兴奋开心，同时又觉得压力很大。面对海量的材料，他很困惑。第一步应该做什么？现在的关键是什么？以后的关键是什么？有没有循序渐进的方法？亚历克斯和 TolpaTek 公司的其他员工怎样才能把所有的碎片化信息整合到一起？

幸运的是，亚历克斯在国际贸易合规研究所（ITCI）的网站（www.tradec-omplianceinstitute.org）上找到了该研究所提供的"出口启动工具箱"和"贸易信息数据库"。这真是个突破！网站上提供有关出口基础知识的信息，这有助于亚历克斯评估 TolpaTek 公司的出口潜力和准备情况。对亚历克斯而言，这就是他一直寻找的稳步推进的路线图。当他把这件事告诉所有同事们的时候，用了一个自创的幽默句。他说："找到 ITCI 就像找到了一个 GPS，不过这不是全球定位系统，而是全球产品销售指导系统。"

美国竟然是一个出口大国，是不是让人很惊讶？虽然美国许多制造业务已经移到海外，但国内还有很多值得出口的产品和服务。的确，美国进口额比出口额多，但美国的出口量一直排在世界前五，大多数时候处在第三名甚至第二名的位置。仅仅在一年内，美国就能够向全球 150 多个国家出口价值超过 2 万亿美元（是的，万亿）的产品和服务，包括饮料、马桶、维修服务、旅游服务，等等。这个令人震惊的清单上还有一些你认为不会出现在全球贸易中的产品。

美国出口的东西不只包括商品、原材料和产品。服务出口在美国出口中一直占有 1/3 的份额，这使得美国在全球服务出口名单中一直名列首位。美国出口的服务包括银行服务、计算机服务、工程、快递、保险、法律服务、健康医疗、旅游等。

不管你怎么想，进出口活动不只是大企业的交易特权。根据美国商务部（www.commerce.gov）的数据，大企业只占出口企业总数的 4%。这说明，剩余 96% 的出口商都是中小企业。

全球化取决于国际贸易的发展。同时，全球化也是跨国企业、外包、境外生产和其他公认的商业行为的基础。没有全球化贸易，各国人民就只能享受本国的产品和服务。有许多平台可以帮助你调查某个国家的贸易平衡和工业生产，以下几个平台是我们最喜欢的：

出口网（www.export.gov）是美国商务部的合作伙伴，致力于"汇各地政府资源，帮企业规划国际销售战略，助他们在全球市场取得成功"。该网站有大量的优质信息，包括出口基础知识和贸易问题等。

国际贸易协会（ITA）隶属于美国商务部，该协会的目标和使命是"通过全球贸易促进经济的增长与繁荣"，从而"加强美国工业的国际竞争力，实现繁荣发展"。ITA 下面有三个业务部门：全球市场、产业与分析、执行与合规。ITA 的网站上有大量信息、资源及服务（包括地区专家、贸易推广、特定国家出口服务等）。该协会在全国各地都设有办事处。

国家贸易数据银行（NTDB）是另一个非常有价值的信息来源，网站为www.stat-usa.gov。该网站上的信息由政府从多个平台抽取的数据信息汇集而成。该网站上的信息包括基础出口活动信息、特定行业信息、特定国家信息以及工业与国家的信息等。

美国商务部网站（www.commerce.gov）上也有大量的信息。使用 NAICS（北美工业分类系统）代码可以从中获取数据，包括特定行业的数据。美国商务部旨在"帮助美国企业在国内更有创新性，在国外更有竞争力"。

世界贸易组织（WTO）是总部设在瑞士日内瓦的成员组织，网站为 www.wto.org。世贸组织负责制定各国之间的贸易规则。目前，世贸组织有大约 160 个成员。该组织掌握每个国家的很多信息，包括简单的贸易概况。世贸组织每年会及时更新贸易概况。在该网站，你可以找到贸易主题、文件、数据和资源等信息。

你的目标国家会从本国进口产品吗？此前是否有其他的本国产品出口到目标国家？已有的进出口关系能让你进入目标国家的过程变得更容易。在入驻的过程中，本国和驻地国的某些资源可以为你指引方向。你可以查看本国出口数据和趋势。但是要记住，这些数字只是参考，并不会告诉你实际的发展过程。你可以利用这些数据去了解如何开展全球化进程。

如果现有的进出口贸易包含你所在行业的产品和服务，那么你的入驻过程会加快。在进出口过程中，趋势是你的朋友。如果本国与目标国家已经建立稳固的出口关系，入驻过程会变得更加容易。费用、法规、程序等都很清楚，所以你不用做第一个吃螃蟹的人。

如果本国没有与目标国家建立进出口关系，你就要有所准备，因为入驻过程会花费更多时间，需要更多投资。不过，希望这只是个减速带，不会阻碍你的发展。

在入驻一个国家的时候，你需要考虑以下与进出口有关的问题：

* 这个国家对进出口有什么限制？入驻限制较少的国家显然比入驻限制较多的国家容易。

* 国际市场是否认可该国的价值？

* 目标国家内是否有类似的产品和服务？如果有，进口你的产品将对该国此类业务带来什么样的影响？该国进出口的某些产品和服务是否和你想要在该国销售的产品和服务类似？

成为风险侦探员

一个优秀的商人会像侦探一样思考。优秀的国际商人会注意每一个细节，无论这些细节明显与否，他们都不会遗漏。

研究工作像侦探一样刺激。研究的第一步，也是最重要的一步，是要知道你要寻找什么。你要解决的是哪些问题？哪些数据能帮你做出明智的决定？

研究可以分为两类：初步研究和次级研究。初步研究就是你自己直接从源头收集数据进行研究。次级研究就是利用其他人收集的收据所做的研究。下面让我们先从次级研究开始讨论，因为它唾手可得。

次级研究

次级研究指利用已有的资料总结所需信息。根据已有的材料和信息，你可以得出自己的见解，但你掌握的不是第一手资料。互联网是次级研究最强大的工具，因为网上有海量的信息。其他常见的次级研究信息获取渠道包括社会关系、行业分析师、市场研究公司、高校或者贸易协会等。

BUILT FOR GLOBAL
Navigating International Business
and Entering New Markets

罗伯特·帕尔斯坦的故事

罗伯特掌握了一个可以用于采矿业机器人的独特应用。他在寻找一个机会。采矿业的全球市场规模可观，但是罗伯特没有采矿业的经验和人脉。他陷入了困境，不知道该如何开始。他做的第一件事就是联系美国商务部，商务部为他提供了全球矿业部门的大量信息。通过商务部，罗伯特了解到加拿大和澳大利亚可能是值得开拓的市场。这两个国家的主要语言是英语，这一点特别有利。罗伯特利用互联网做了进一步研究，他发现矿业协会中的某些企业可能会对这款应用感兴趣。于是他开始上网，通过领英联系这些企业。

人脉。在你认识的人中，哪些人掌握的信息能帮助你实现国际扩张？

在目标国家有没有认识的人？他或她可以是企业的员工、网友，或朋友的朋友。近期从目标国家移居或移民到本国的人能给你提供很大的帮助，因为这个人知道一些不易找到的当地的风俗和生活细节。他或她的观点也许很主观，但能够为你提供一个当地居民对驻地国日常生活的看法。

如果你的交际圈联系人与你同属一个企业或行业，那么他或她可以为你提供相关的业务信息和联系人。用领英和 Facebook 可以看到过去的雇主的所在地、在哪里上大学、使用哪种语言等信息。通过这些信息，你就能了解到网友中谁来自那个国家。人们喜欢谈论自己的祖国，并会不厌其烦地回答各种各样大大小小的和祖国有关的问题。

在你的企业内部有非常多的资源能提供帮助。从市场部门能够了解并得到相关市场数据。工程部门能够提供电力要求、系统接口和其他与操作相关的技术信息。财务部门可以在金融交易、法律要求、协议和其他关键业务方面提供帮助。人力资源部可以在日后给予帮助，提供其他国家如何雇用员工方面的信息。同时你要建立一个内部团队来帮你找到所需的信息，更多内容请阅读第 4 章。

行业分析师和市场研究企业。这两者都是提供信息的专家。在通常情况下，分析师和研究企业会通过初步研究和次级研究得出行业报告。许多研究企业享有良好的声誉，他们可以提供权威的意见、得出可靠的评估和预测。这些企业能够利用丰富的专业知识和经验细分行业市场、预测增长和变化、给细分市场排序、评估市场内的各个参与者。

行业报告物有所值。评估需求，了解应该解决哪些问题，这样你就可以选择合适的行业报告。

市场上有很多行业分析师和市场研究企业可供选择，你的企业肯定已经和其中一个或多个有过合作关系。你可以利用当前的合作关系找到详细的行业报告，这有助于你选择驻地国、发布产品。许多研究企业每年都会举行活动，方便人们互相认识、扩大交际圈或者增长知识。

以下是几个曾与罗伯特和珍妮特共事过的行业分析师和市场研究企业：

* Computer Review 公司；
* Digital Clarity Group 集团；
* 弗雷斯特研究公司；
* 高德纳咨询公司；
* 国际数据公司（IDC）莱克斯研究小组；
* 卢克斯研究公司（Lux Research）；
* 麦肯锡公司；
* Ovum 公司；
* 扬基集团。

学术界。提供行业所需学位、专业知识和专业化的大学拥有很多资源。一开始，这一点可能不太明显，许多大学想找机会与行业进行对话、建立联系与合作关系。学校所在地不需要临近企业总部，但是如果距离不远，大学和企业都会受益。

如果想在大学里找到专业人士，要先从信息访谈开始。评估一下双方的目标，看有没有共同点，思考应如何满足双方需求。在访谈开始前，准备好想要找到的信息，即使在访谈过程中，也能找到一些值得关注的见解。另外，在访谈开始前做好共享信息的准备，因为只有互惠互利才能建立牢固的关系。

可以考虑选用实习生。如果合作院校里有目标国家的留学生，可以让他们来企业实习，他们能够了解如何预约和如何交流价值，而实习生可以从这份工作中得到本国的行业知识和人脉资源。

实习有多种类型。通常本科生实习是为了获得工作经验，工作时间一般是在暑假。研究 / 论文实习一般由研究生完成。为了完成自己的硕士或博士论文，研究生一般会需要寻找一些课题。如果企业刚好在大学附近，平时上课期间就可以找到实习生，学生也会根据自己的课程表来安排时间以满足实习要求。

和大学的合作关系可以为企业带来更多机会，学校也可以培养出很有潜力的毕业生。

行业协会或行业贸易集团。这些都是未被充分利用的资源。虽然这些协会和组织的宪章中写着许多其他的目标，但它们真正的目的是教育、政治游说和推进行业标准化。行业协会通常是非营利组织，会员为行业内个体或企业，协会资金也由这些人或组织提供。

行业协会会发布行业趋势、目前问题、法规要求等诸多行业相关信息。行业协会也会定期举办会员会议，为业内会员和企业举办活动，这些活动是很好的机会，你可以从活动中获得信息，广交朋友。这些人日后可能会成为商业伙伴或客户。行业协会一般都拥有自己的网站，会发行时事通讯、杂志，也可能会发布会员名录，这些都是业内合作伙伴或客户信息的重要来源。

行业协会还可能会和类似的国际协会有接触，这会为你打开一扇大门。或者，你也可以直接联系驻地国的行业协会。如果目标国家有一个会本地语言的本地联系人，他或她会给你很大的帮助，因为驻地国的行业协会可能会想推广当地业务，却不习惯用英语进行各项工作。

企业内部的某个人也许会成为合适的行业协会成员。工程、制造、客服或者市场营销等部门可能已经知道了相关的行业协会，订阅了协会出版物，并亲切地称之为"行业抹布"。利用内部介绍和联系人，你可以接触上行业协会，看它们能否为你提供一些驻地国的联系人。许多行业协会举办教育性的网络研讨会，你可能会感兴趣。另外，它们也会举办一些有用的活动。

网上调研。最强大的次级研究工具就在你手边，而且它不需要你花一分钱（除了网费）。调研的主要成本就是时间，你可以利用晚上或周末的时间，也可以利用同事的时间、实习生的时间、咨询顾问或市场研究员的时间来完成。不管选择哪种方法，花费在次级研究上的时间肯定会让你感到物有所值！

如果你正在做市场调研来发掘价值（第 1 章提到过），那应该找一些行业相关的新闻文章、博客，花点时间浏览竞争对手的网站，找一些它们提交给美国证券委员会的文件（包括 10Q、10K、年度报告和季度报告）。

你是否想过竞争对手的网络营销为何如此成功？网络营销时可以用一些在线工具，如 SpyFu.com，该网站公布了搜索引擎营销的秘密，如关键词、关键字广告、排名等。

你可以用自己喜欢的搜索引擎了解这些工具。这类工具大部分是免费的，其他的则需要付费。每个搜索引擎都提供一套工具和功能，如谷歌、必应、雅虎、Ask、美国在线、WOW、Webcrawler 等。

只需要点击一下鼠标，无数机会和信息就会出现在你的面前。

初步研究

如果你在销售部门或市场营销部门，初步研究就是你获得成功的基础。你喜欢和别人聊天吗？如果是，那你就非常擅长初步研究！初步研究就是基于对客户、潜在客户或其他可能的产品和服务的购买和使用者的直接沟通和观察而进行的研究。

一对一访谈。与客户或潜在客户直接对话能为你带来宝贵的信息。通过了解受访者的观点，访谈双方也建立了个人联系。在初步研究中，一对一访谈是定性研究。因为样本规模小，重点应放在制定决策的"原因"及"方法"上。

最常见的商务访谈形式有两种：引导式访谈和固定式访谈。引导式访谈是指事先选择一些问题，收集被访者的一般信息，在访谈中进行一定程度的谈话和自由讨论。固定式访谈是指向所有被访者提出同样的问题，让他们从固定的选项列表里做选择。固定式访谈限制了会话内容，但更容易构建统计数据。

引导式访谈可以提供广泛的信息，而固定式访谈可以提供可量化的信息。罗伯特和珍妮特比较喜欢将两种访谈形式相结合来做初步研究。

根据样本规模、复杂程度和预算，一对一访谈可以由你本人、小型咨询企业或者主要市场研究企业来完成。技术和社交网络加快了一对一访谈的速度。零售企业可以标准化每个店铺、使用眼球追踪技术或者监测店铺流量。在 B2B 和 B2C 中，日志映射或数字日记对某种类型的产品和服务非常有用。

焦点小组。在初步研究中，焦点小组主要是为消费品而准备，但是这样的小组也可以用来收集 B2B 产品或服务中用户和管理员输入的信息。焦点小组是指把一小部分人集中起来，让他们分享各自对某个产品和服务的观点、态度和意见。你可以为焦点小组做展示或介绍，也可以让他们直接与产品进行互动来表达意见。焦点小组属于定性研究。

焦点小组研究可以面对面，或者通过电话或网络会议进行。关于焦点小组的有效性还存在很多争论。因为这样的研究比较像实验，受到的约束太多。不过，焦点小组的确可以为研究提供重要的定性信息，尤其是当他们讨论重要的业务主题时，提供的信息会非常有用。

B2B 科技产品领域已经开始广泛使用焦点小组进行研究，不过可能叫法不同。用户群、客户咨询委员会和在线社区是 B2B 焦点小组的不同表现形式。由于要求一定的行业和产品知识，所以焦点小组活动的受众更有针对性，企业一般都在寻求更具体的信息。

调查。定量研究的主要来源是调查。只有样本规模足够大才能推断出有代表性的那部分人的回应。调查通常包括一系列含有固定回答的、结构完整的问题。民调和政府数据普查都是很好的例子。在线工具和社交媒体革新并简化了调查发放、数据收集和报告的方法。

我们喜欢现在可用的所有在线工具。小规模的调查可以用领英、Facebook和 Twitter 等社交软件进行。调查结果可以反映社交软件用户的意见，但是这些结果可能无法扩展到不使用社交软件的人身上。DIY 调查工具可以让组织快速地准备、发放问卷，方便获取受众，如雇员、客户、合作伙伴或购买者的名单。在过去的工作中，我们成功地使用过一些 DIY 调查工具，像 Survey Monkey 和 Zoomerang。除此之外，还有许多其他工具可用。

值得一看的基本原则

简单的东西往往很有帮助，它会使你入驻目标国家的过程更轻松，帮你摆脱幼稚却常常代价高昂的低级错误。而有时候最简单的东西却能引起最大的失误。比如一个电子玩具可能因为充电器不配套，无法充电而成为没用的东西。

由于另一个国家的电脑上使用的是完全不同的操作系统，所以杀手级软件无法进行演示。在开始做事之前，要预见到可能会出现的问题并提前做好准备，这样你才能够摆脱不必要的压力和挫折，同时节省成本。更多详细内容可以参考附录一。

如果提前做好功课，目标国家的基本原则和基础设施就只是减速带而已。

当你调查目标国家的基本原则和基础设施时，要考虑以下因素：

* 客户方面的考虑。产品将如何适应目标国家现有的工作流程？能否有效地利用现有的基本原则和基础设施？客户需要做出哪些改变才能适应你的产品？你的产品是否足够好，使客户会优先改变所需的基础设施来适应你的产品？

* 代表和业务伙伴方面的考虑。你的产品需要做出哪些改变才能在驻地国有最佳表现？合作伙伴、供应商、服务提供商和其他供应商等与产品相关的人员的表现也要考虑在内。如果产品要有所变化，一定要提前调查并做出计划。如果需要改变一个国家的基础设施才能使用你的产品，最好考虑先在另一个国家发展业务。

* 发展成本方面的考虑。这是一个需要提前考虑的问题。在开始发展业务之前，一定要考虑到产品的运输问题以及需要用到的基础设施，这样你就可以提前预估成本，做最稳妥的决定。如果到了最后一分钟目标国家仍旧无法选定，你的发展成本肯定会增加。

少即是多——避免"分析瘫痪"

你知道哪些事情。你不知道哪些事情。你不需要知道哪些事情……初期你不需要知道哪些事情。

你肯定会觉得我是在开玩笑。一个人怎么会知道他不知道的事情呢？学会像侦探一样思考，分析已知事物之间的联系，你就可以知道原本不知道的事情。做商人要像福尔摩斯一样，收集并记录已知的事物，然后以不同的角度一遍遍地回顾。从用户的角度思考问题，从买方的角度分析哪些人可能成为用户。最后不要忘了思考驻地国的代表如何看待你所知道的事情，他或她会向你提出什么样的问题。

与私人朋友或业内人士交谈可以帮助你发现你自己不知道的事情。你可能已经猜到，我们最喜欢的方式就是一边喝咖啡，一边和别人聊天。利用喝咖啡这一点时间可以为你带来巨大的回报。我们喜欢与那些已经将企业或某种产品带到我们感兴趣的国际市场或特定国家的人交谈，回顾过去，展望未来。一个小时的时间转瞬即逝。令人惊讶的是，在这一个小时的时间里你能够获得许多不可思议的见解。我们最喜欢的"喝咖啡时间的问题"都很简单：

* 当把产品带到一个新的国际市场时，在市场上是否经过激烈的角逐？能否讲一下你最喜欢的一场"战斗"？
* 在把业务发展到驻地国之前，你希望自己知道哪些事情？
* 在提前了解很多知识的情况下，发展过程有哪些意想不到的"陷阱"？
* 你在哪方面花费的时间最多？

正如你注意到的那样，我们在书中写了一些很棒的故事。其中一些是在与朋友或同事喝茶或者喝咖啡时听到的；另外一些是与其他地方或者其他国家的朋友或同事聊天时听到的。由于距离太远，聊天时我们并没有喝茶或者咖啡。

工作时要建立一个文件夹来收集数据和资源。把自己的想法记录下来，不要试图把所有的东西记在大脑中。相信我们，即使是最强的记忆系统——不论是人脑还是电脑——迟早都会出错。写东西需要投入一定的精力。如何记录数据并不重要，只需要找到一个适合自己的方法并着手去做即可。随着知识的增加，你的想法将得到验证，你的文件夹也需要更新。另外，这样做会更方便你与他人分享。

不过不要执着于细节，不要掉入陷阱或"分析瘫痪"的状态。当然，上司问的问题肯定比你准备好的回答多，不过不要紧张，这样的事情总会发生。

你真正面临的挑战是一般化数据太多而具体信息太少。当面对大量一般化数据时，你只需要找到与目标国家和行业相关的信息即可，其他的信息可以忽略。

如何寻找信息在"成为风险侦探员"部分有所提及。我们不是要让你成为研究市场的专家，而是为你提供一些有用的选择供你考虑。

谁可以做研究？这个问题只有你能够回答。这可能需要多方的共同努力。你要做更多的网上研究，见更多的人。企业主要团队可以做研究，这项工作也可以交给行业分析师、市场研究企业或者行业协会来做。如果企业增加对国际化工作的支持，未来你可能需要外部的顾问、研究企业或者实习生来做下一阶段的研究。

你要寻找的是什么？这对确定价值和降低机会风险都很重要。

每个地方都可以找到你需要的东西！如今，每天都有新的工具和资源出现，所以你自己也可以一直做研究。

为什么你可以做出明智的决定？如果关键信息可以根据两个或多个信息源互相支持或得到验证，你也许就会确信决策的基础是可靠的数据。如果信息是定性的，或者只有一个来源，那准确性就无法肯定。

评估风险

评估风险会影响你的成败，也与你进入一个新市场的行动是否安全有关。首先你要评估风险，然后让企业里的其他主要负责人也这样做，最后交换彼此的意见。

① 杠杆评估

杠杆越多，风险越少。

1. 贵公司是否正将产品销售到本国以外的国家？

□ 是　　□ 否

＊如果是，请写下是哪些国家。

＊写下产品在每个国家的销售时长和当前销售额，财务部门可以提供该信息。

＊将这些国家的市场数据与国内的市场数据进行对比。

2. 你想要把业务发展到哪些国家？

＊把这些国家的名字，预期开始时间以及期望的销售额写下来。

3. 现有业务（第1题）和想要发展的国际业务（第2题）之间有哪些杠杆？

通过评估当前运营的并行性来评估杠杆强度。肯定的答案表明较强的杠杆条件，否定的答案则表明较弱的杠杆条件。

＊是现有的产品吗？

＊客户需求是否一样？

＊目标国家的文件归档和产品标识能否使用现在使用的语言？

＊财务部门是否解决了货币问题？

＊目标国家是否与你的国家接壤或比较容易到达？

② 政治兼容性

这是一个可以使你的一切行动戛然而止的问题。首先你要评估政治兼容性，然后找一个信任的主管或董事也这样做，最后交换彼此的意见。

1. 本国与目标国家的政治关系如何？

☐ 政治盟友　☐ 关系友好　☐ 关系一般　☐ 互不干扰　☐ 势不两立

2. 本国与目标国家关系的发展前景。

☐ 持续稳定　☐ 正在改善　☐ 模糊不定　☐ 正在恶化　☐ 持续交恶

3. 目标国家的政府在发展过程对你将有什么样的影响？给出选择这个选项的理由，指出目标国家政府的哪项政策让你做出这个选择。

☐ 提供帮助　☐ 给予支持　☐ 保持中立　☐ 无益无害　☐ 阻挠发展

4. 目标国家哪个部门或者哪个机构负责处理与你的行业、产品或服务相关的事务？

5. 预估目标国家的腐败情况，并将你的观点与透明国际的"腐败感知指数"进行比较。

☐ 很少甚至没有腐败现象　☐ 偶尔有腐败现象的发生　☐ 系统性的腐败

6. 本国向目标国家的出口情况如何？

* 各种类型的产品

* 与你所在行业相关的产品

* 特定的产品或者是竞争对手的产品

③ 经济问题

很多经济因素是你无法控制的。利用有利因素，制订应急计划，尽量减少负面因素的影响。首先你要评估经济问题，然后找一个信任的主管或董事也这样做，最后交换彼此的意见。

1. 如果目标国家的汇率持续波动，该国货币未来会呈现什么样的趋势？

表 2-4 中列出了各种可能出现的情况。

表 2-4 汇率的影响

汇率升高	汇率稳定	汇率降低
美元走强 可以兑换更多的本地货币	无变化	美元走低 只能兑换较少的本地货币
美国购买力增强	美元强势——你的产品 相对昂贵	美国购买力减弱
驻地国购买力减弱	美元走低——你的产品 相对便宜	驻地国购买力增强
相对价值——美国商品 越来越昂贵	相对价值不变	相对价值——美国商品 越来越便宜
汇率影响—— 驻地国商品价格会增长	价格稳定	汇率影响—— 驻地国商品价格会降低
提高你的标价以维持收益	收益稳定	价格不变，收益增加
通过灵活定价来 稳定价格，留住客户		通过降价能保持收益 但非美元利润

2. 目标国家的经济发展处于什么阶段（参考第 1 章）？

☐ 发达国家　　☐ 发展中国家　　☐ 新兴经济体

3. 与贵公司产品价格相比，驻地国竞争对手产品价格更高、更低还是处在同一水平？列出前三位竞争对手，它们可能是无法与贵公司匹敌的替代品。你的市场战略是什么？第 1 章我们讨论了如何竞争，如果贵公司产品想从众多产品中脱颖而出，就要为新市场的客户带来价值。

＊竞争对手 1：

＊竞争对手 2：

＊竞争对手 3：

4. 贵公司的产品可能会对驻地国的经济产生积极影响。检查贵公司产品是否就以下条目对驻地国产生了可验证和衡量的影响。

- 解决人类基本生活所需（食品生产、清洁水、空气质量、衣物、住房等）。
- 解决基础设施方面的问题（垃圾处理、电力生产、运输、教育、保健、人身安全等）。
- 解决安全问题（犯罪、恐怖主义、暴力、虐待等）。

- 加强环境保护。
- 提高人类创造、娱乐和自我表达的能力。
- 增加信息获取渠道或增加人们参与决策的机会。
- 增加人们对多样性的包容度。

- 增加就业机会。
- 建立或创造技能。
- 加强工业生产能力。
- 使驻地国经济在当地、地域内或全球更有竞争力。

经济发展阶段评估：第一组适用于新兴经济体或处于其他发展阶段的国家的偏远、不发达地区。第二组对发达国家的买家和用户很重要，虽然欠发达国家可能也有这些需要。第三组对处在任一经济发展阶段的国家都很重要。

政府关系评估：如果贵公司产品能满足第一组和第三组中的条件，政府的某个部门或者机构肯定会对你的产品感兴趣并为此负责。

④ 语言挑战

一般来说，语言无非是一个典型的减速带，带来的风险很小。但在计划阶段也要提前考虑语言带来的影响。

1. 目标国家使用哪种语言？

* 主要语言：＿＿＿＿＿＿＿＿＿＿＿＿＿＿＿＿＿＿＿＿＿＿＿＿＿

* 其他语言：_____

_____

* 主要商务用语：_____

2.在产品或服务的使用过程中，语言（书面语或口语）对哪一阶段（部署、使用或操作）是至关重要的？语言的使用在哪些方面是必须的、有用的、可选的或没有要求的？

* 文件；
* 包装；
* 使用 / 操作；
* 培训；
* 产品标识；
* 服务。

⑤ 市场评估

没有买方，就没有客户；没有客户，就没有生意可做。

首先你要评估市场，然后找一个信任的市场主管也这样做，最后交换彼此的意见。

1.评估你对买方行为的理解和对 MAN（money/authority/need 缩写，钱 / 决定权 / 需求）的掌握。评估可以基于你自己理解的深度，或者基于当前运营并行的程度进行。

* 购买的能力（财权）；
* 购买决策权；
* 能否说服决定者；
* 购买意愿（需求）；
* 买方的急迫程度。

2. 驻地国符合你的理想买方形象的客户总量。要想知道这一点，你可以在网上做些调查，登山向导、营销部门应该都可以提供帮助。

3. 预期得到的市场份额：

* 第一年：_____   * 第二年：_____   * 第三年：_____

4. 能吸引到的客户的数量。用第 2 题的答案与第 3 题的答案相乘，就可以得出这个数据。

>> 秘密武器。电子表格使这一切变得更加容易 <<

驻地国客户数量 × 所占市场百分比 = 俘获的客户

5. 最高收入预测。如果贵公司采用直销的方式，那可以预估一下每个客户平均消费额，然后用这个数字乘以预计吸引到的客户数量就能得出大致的最高收入预测值。如果采用经销商渠道的方式，那你就需要调整计算方式，因为要考虑经销商等人的利润。

6. 使用电子表格处理数据。预估下列数值：

* 最初采购量（第一年）；
* 未来采购潜值：订购量、回头客、追加订单、升级；
* 客户保留率；
* 未来的业务增长；
* 其他数据。

第 3 章

寻觅登山向导

朋友和邻居看起来极为相似，也很合拍，但彼此间却又存在巨大差异，这是怎么回事呢？

刚到加拿大开展业务时，TolpaTek 公司碰到了一个又一个减速带，销售周期延长。加拿大人在做购买决策时显得更为保守，且更具民族情结。他们首先会考察本土的同类产品，之后再仔细地将本土产品同外来产品进行比较，评估外来产品的价值。另外，加拿大拥有更先进的许可协议制度，对金融和商业系统的监管更严格。

在初次进驻加拿大那会儿，TolpaTek 公司的文化敏感性还未得到提升，因而只是将加拿大当作美国的第 51 个州来做生意。是，这儿的文化与美国有诸多共同点；是，这儿的人也讲英语；但是，加拿大不是美国。

后来 TolpaTek 公司找到了萨曼莎·特朗布莱（Samantha Tremblay），这才迎来了突破性进展。萨曼莎·特朗布莱是一名加拿大顾问，她成了 TolpaTek 公司的驻地国登山向导。萨曼莎带领 TolpaTek 公司相关人员会见重要人物、对接潜在客户、帮 TolpaTek 踏上了在加拿大做生意的正确道路，这一路上她功不可没。萨曼莎让 TolpaTek 公司清楚地认识到，如果要在魁北克（加拿大第二大省份）做生意，或者与政府单位谈业务，就必须得有会用法语处理商务的员工。她的判断是对的，因为加拿大是一个骄傲的主权国家，且有两种国语：英语和法语。

加拿大的国土面积比美国稍大，但人口却比美国的加利福尼亚州略少。尽管从魁北克之外的省份开始拓展业务是一个可行的办法，但萨曼莎却为 TolpaTek 公司绘制了一幅涵盖了法语地区的线路图，以期将 TolpaTek 公司的产品覆盖整个加拿大。

萨曼莎是 TolpaTek 公司在加拿大的登山向导。她协助 TolpaTek 公司遵从《法语宪章》（*Charter of the French Language*）行事，该宪章规定法语为魁北克的商务通用语言。她带领 TolpaTek 公司摸清了加拿大的各种规则，包括商务、员工、产品、包装、广告及信息科技等。多年来，萨曼莎拓展了 TolpaTek 公司的登山向导这一岗位的职责。在公司招聘全职的加拿大本土人才时，她协助 TolpaTek 公司依照不同省份各不相同的劳动法顺利完成了招聘事宜。

如果你想攀登坦桑尼亚的乞力马扎罗山，或者委内瑞拉的玻利瓦尔峰，或瑞典的图奥帕古尔尼峰山，请找一名熟知相应地形情况的登山向导，以带领你的团队开启一场安全的旅程。

登山向导就是你的导航员，带领你安全行进，成功抵达。登山向导会协助你完成行前准备、路线规划，帮你确保该有的文件都已准备到位，并在途中为你引路。当你抵达机场，登山向导便会向你挥手致意，带你启程。的确，你是那位主动权在手的参与者。但是，登山向导可以左右你的步调以保证项目的成功，并以他 / 她对大山情况的深度了解为你减少风险。

登山向导是驻地国业务的重要首发队员。登山向导应是当地的一位资深人士或一个组织。他得会当地语言，并拥有丰富的商务经验。登山向导是一位大使，他为你敲开第一扇门，协助你启动项目。

每家企业都有大山要爬，起初是国内大山，随着业务拓展还得爬国外大山。也许 TolpaTek 公司正是因为认识到了这一点，而将公司以位于瑞典拉普兰（Swedish Lapland）凯布讷山地区的美丽的图奥帕古尔尼峰来命名。

为何需要登山向导

安德鲁·卡德韦尔的故事

"你得了解市场格局，知道风险，说他们的语言。如果这几点你都做到了，那么同客户之间的信任也就建立了，他们会把你当自己人。"安德鲁·卡德韦尔是一家信息技术方案和网络服务企业的部门经理。他认识到开拓新的市场板块与打开新的国际市场相似，会面临诸多同样的挑战。

安迪挑选登山向导的首要标准是该向导要拥有相关技术领域的从业经验。最终安迪聘用了一家业内老牌企业，它能指导企业探讨解决方案，还能为企业在当地建立公信力。这家企业在制定复杂解决方案方面有着丰富经验，其业务涉足各行各业，但不包括医疗保健行业。

登山向导对安迪来说十分重要。他需要登山向导帮忙打造一个用于医疗保健行业的三角"楔形"策略：1. 增加价值，2. 践行所言，3. 验证方案。

* 安迪的企业主要通过帮助医疗机构提升核心积分，获得更多政府和保险报销来增加价值。
* 企业对医院践行其言：加快护理响应时间、增加医院安静时长、改善患者再入院体验等。
* 企业通过运行用于 PoC 的小型装置来验证方案。

安迪的登山向导在将现有技术转化为医疗价值方面起到了关键作用。在当今世界，任何行业都不可能靠单一产品打天下。这位登山向导深刻地认识到，通过提升报销操作程序、改善医护人员的工作体验，以及病人的用户体验来改进医院的运作方式十分重要。

在身为业内老将的登山向导的帮助下，安德鲁·卡德韦尔的企业从小规模起步，变身某一重要领域的专家，通过打造专业技能，逐渐成长为业内举足轻重的一员。由此，各种越发诱人的机会迎面而来。

在本国，贵公司花费了多年时间寻求建立同客户及业内合作伙伴之间的互信关系。现在，你要设法在国外或新的行业领域开拓业务。因为某些原因，高管（甚至可能是你）认为你能在国外新市场或新行业独当一面，实际上你并不能。这类业务的拓展需要当地（或业内）人士的支持，并且相当耗时。

在你的国家，人际关系网对做生意来说至关重要，因为它连接了信任关系之间的点。信任由你的关系网成员传递至他们自己的关系网成员。在国际上，人际关系网以同样的方式运作，并且其在国际上的重要性更甚于本国。

登山向导将通过与当地合作伙伴、客户、政府、企业的关系传播信任，加速建立起贵公司在驻地国的人际关系网（见图 3-1）。在美国，信任的建立相当迅速，不出意外的话业务关系将一直保持良好。而在海外，信任的建立需要花更长时间，且需要随时对其进行维护。你的登山向导会帮助你同当地建立并保持长期的、相互尊重的交流关系，从而建立信任。

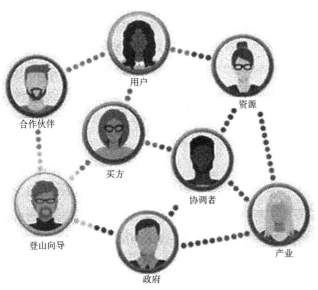

图 3-1　人际关系网

国际商务通常有一种紧迫感，但这不代表你可以仓促行事或急于求成。很多工作可以通过 Skype、Google Hangout、WebEx 完成，但面对面的交流依然不可取代。出于礼节，在法国，你需要朝对方的两侧脸颊分别献上一吻；在智利，亲吻一侧脸颊即可；到了日本，你需要鞠上一躬；而这些都不可能由远程操作来完成。

当你在国内或世界其他地方忙于打理业务时，登山向导能在驻地国替你维系面对面的交流。虽然电子邮件和短信联系也能维持业务的发展，但要是没有登山向导的亲自上阵以给对方一种优待感的话，你所做的一切可能无人搭理。

登山向导助力企业发展

在进驻他国初期，让登山向导而非企业员工来帮助你了解当地问题、更好地应对挑战。

登山向导有助于你的业务发展并帮你解决大量问题。

* 登山向导可以通过以下几点帮你开好头，敲开门：
  - 安排会见工商界具有影响力的领袖；
  - 提供有关在当地配置和定制产品的建议；
  - 说明哪些需要本地化，以及哪些可以保留。
* 登山向导可以帮你发展业务、建立价值主张，因为他 / 她：
  - 十分了解当地客户（包括买家和用户）的显著特征；
  - 十分了解你的驻地国业务所需的其他合作伙伴，比如供应商和分销渠道；
  - 同政府部门和代理机构有良好关系，能够帮你获得认可和支持；
  - 能够应对当地法律和风俗习惯。
* 登山向导可以通过以下方式帮你发展业务、促进信任的建立：
  - 维系和培养当地关系；
  - 推荐和开辟新的细分市场。

通往新市场的道路往往崎岖不平，请做好心理准备。登山向导能为你带来诸多好处，但千万别忘了他 / 她的主要职能在于寻找"最佳"客户。没有客户，你就没有生意，那么你就不要妄想进入新市场。

对于同一件产品，驻地国的客户可能会与本国的客户大不一样。登山向导会帮你识别当地的"最佳"客户。例如，在美国，你可能会把通信设备卖给警察。然而，好的智利登山向导会向你指出，智利当地的"最佳"客户为海岸警卫和海军，因为这个国家拥有漫长的海岸线，无论是海上的警务活动还是离岸 10 千米的内陆警务活动都需要这种通信服务。

一个好的登山向导除了能帮你把产品卖给常见的客户外，还能识别其他"合适"客户以及当地特有的商机。例如，一家企业生产的安检门原本用于机场安保，但通过其墨西哥登山向导的介绍，它能将产品卖给墨西哥的大型银行，因为他们需要在银行入口设置探测器。

要登什么山

如果你要爬坦桑尼亚的乞力马扎罗山，那么一个富士山的登山向导必定不会有适合你的专业知识。你需要的登山向导应当有与相应山脉匹配的经验。

开始搜猎人才之前，先确定登山向导要充当的角色。如果你要处理一系列不同的产品，或者要面对千差万别的客户群体，那你可能需要多个登山向导，每人专做一个方向。虽然人多欢乐多，但你得明白这需要花更多的精力去管理和监督。

要解锁驻地国的人际关系网和互信的共事关系，你的登山向导是关键所在。登山向导想要充分履行职责，就必须要具备相应的行动导向和影响力。

登山向导的担当

想想你今天的业务：在产品到达终端买家或用户的过程中，"合作伙伴"满足了怎样的重要需求或发挥了什么作用？

首先请检视你当今的合作伙伴。如果贵公司通过渠道商、分销商和代理商进行销售，那你需要的登山向导得有销售技能或分销技能。因而你的登山向导实际上可能就是当地的渠道商或分销商。合作伙伴的作用如图 3-2 所示。

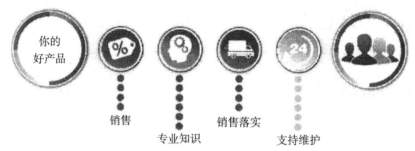

图 3-2　合作伙伴满足你的重要需求

什么！你目前没有合作伙伴？再仔细想想吧，今天的企业几乎没有一家是完全垂直一体化的，大家都不会对从产品到销售的方方面面亲力亲为。企业通常会将从产品到客户 / 用户之间关系的部分职能外包出去。你可以请电商企业为你开发潜在客户、将某些工作进行分包、必要时可以聘请技术专家，或是利用第三方物流企业。这些都可以说是合作伙伴，尽管你可能不这样称呼他们。你可能希望登山向导能在驻地国发挥诸如此类的职能或建立类似的关系。

确定登山向导应担当的角色。登山向导是你在驻地国的合作伙伴，负责将你的产品与客户、买家、用户进行对接。产品和客户由以下四个主要角色或连接点相连：销售、专业知识、销售落实和支持维护。

* 销售

    − 需求创造和消费引领；

    − 开展交易和完成交易；

    − 维护客户关系；

    − 市场准入——行业、地理位置及其他。

* 专业知识

    − 技术技能；

    − 行业知识；

    − 系统整合；

    − 本地化。

* 销售落实

    − 零售展示或演示能力；

    − 库存与货物投递；

    − 安装、启用或培训。

* 支持维修

    − 保养、维修或检修；

    − 维护客户关系；

    − 特定的技术技能；

    − 地区覆盖。

行动导向

基于登山向导所充当的角色，请确保他 / 她的行动导向能实现你的既定目标，让你满意。

主动型登山向导会以量化目标的方式来发起和推进行动。销售是典型的主动型角色：寻找目标，开展交易，完成交易。从我们的经验来看，大部分企业都需要主动型登山向导，尤其是在打入国外市场的初期。零售业尤其需要主动型职能，例如，产品的展示、演示和库存管理，这些都为成功的消费体验所必需。一些行业或部分产品（如工业设备和监控中心）需要主动型服务来负责检修或技术支持。

积极型登山向导有赖于其他职能的行动来达成量化目标。在多种业务中，积极的销售型或专家型登山向导正属于这一类。如果贵公司的销售职能是依靠网络点击量、市场营销活动、消费引领来实现，那么你们的销售就属于"积极型"职能，因为他们依赖主动的市场营销来达成量化目标。如果上述情况正是你所计划的驻地国销售流程，那么贵公司的所有职能部门都必须为积极的成功各司其职。

应答型登山向导仅在受他人求助、要求或指示时才会采取行动。他们在接到客户呼叫的第一时间就会立即进入需求满足者和支持维护者等角色。保养、维修和检修服务都是典型的应答型角色。满足需求的职能（如送货、安装和培训）通常在执行任务的过程中对项目或活动做出响应。

要将价值传达给客户，明确登山向导的角色和行动方向至关重要。重点关注如何争取驻地国客户，这有助于你选择合适的登山向导作为合作伙伴。

影响力

影响力是力量和行动的结合体。它们可以在驻地国帮贵公司和贵公司产品带来最大的优势。选择有相当能力的登山向导，让其通过影响相关人员、程序或政策，来促进贵公司当地业务的发展。从以下三个方面来思考登山向导的影响力：1. 个人和团体哪个更合适？ 2. 这个人／团体有带来改变的势力和能力吗？ 3. 该向导的位置安排是否合理？

1. 通过发挥势力或采取行动来带来改变，你需要的是个人还是团体？

例：藤井俊充（To Shi）的团队在经济政策方面颇有影响力。

选什么样的代理人来协助贵公司在驻地国开展业务取决于一系列因素：产品类型、发展阶段，以及你的行动预期。根据你的业务需求，登山向导可能会是代理商、承包商、家族联合企业、承包制造商、特许经营代理或者其他。我们稍后会在本小节讨论不同类型的选择。

2. 想想你需要哪种势力来影响、改变或掌控某事／某人，你需要哪种能力来改变事物（如行为、思想或决定）的发展。

例：胡安（Juan）能影响教育部的规划。

确定最有助于贵公司进驻他国的能力。一位有影响力的代理人通常要有并且能够运用以下优势：人脉网、关系、专业度、知识、权势、职位、地点、见解、动机、同理心、领导力、感召力、人际交往能力、资历等。在面试选拔合作代理人时要注意这些特质，详情请参见本章小节"取好择优"。

3. 这个人／团体能根据需要改变情况吗？

例：安德里亚（Andrea）能影响他的决定。

搞清楚你想要驻地国代理人为你办理哪种事务。事务的类别要符合你的业务发展需求，大致包括：引荐、安排会面、预约政府／企业、培训／教育员工、通知、接待、沟通、做广告、提意见、销售、成交等。你要明确对登山向导所负责的事务的预期。这有助于设定合适的目标，建立良好的工作关系，具体请参见本章小节"制定协议"。

登山向导的类型

有时一个登山向导就能提供你所需的一切帮助，但有时还得另请有专长的向导来补充技能，这取决于你的业务需求。罗伯特就选用了多个代理人，他把他们称作"大使"。

登山向导的选择取决于贵公司入驻时期不同阶段的主要需求。不同的登山向导能提供不同的技能。他们在某些方面表现出色，在其他方面就未必能够尽如人意了。最常见的登山向导有下列几种：

* 代理商；

* 顾问；

* 合同制造商；

* 承包商；

* 出口商；

* 家族集团；

* 特许经营代理；

* 合资企业；

* 授权代理商。

代理商

你有机会进驻他国发展业务，并且业务模式为 B2B 或 B2C。那么，你的代理人得有业内知识，以协助你在当地达到贸易要求、拿到许可、找到商业伙伴。代理人得有业内的人脉网，包括一定的政府关系。代理人将会为你和合作伙伴／买家牵线搭桥，并帮你了解竞争格局。通常代理人会赋予你一定的专有权，不会代理其他竞争力强的或类似的产品。有时你可能还需要另外的登山向导，这取决于你的代理人本领如何。如果你想要建立排他性业务关系，考虑到预期可能难以达成的情况，请设定明确的时间、地点和业绩等标准。

顾问

你需要专业援助，可以找一个顾问。顾问可以同你的代理人或承包商合作，或者为他们提供服务。顾问的专业技巧、能力和关系将有助于完善主要登山向导各方面的工作，比如销售、营销人员、工厂和政府。如果你需要新增向导，那可能就是顾问了。根据你的专业技能需求，你需要的顾问可能是一个或多个。他们通常开展短期合作或跟着项目走。

合同制造商

你打算在驻地国生产一种产品，合同制造商能为你解决本地劳动力、驻地国许可、本土化和库存等问题。所以，合同制造商应具备良好的 B2B 关系网。但他 / 她不会为你和买家牵线，也不清楚竞争格局，因而你需要其他登山向导来为你和买家（如当地经销商、承包人、销售和营销代理）牵线搭桥。

承包商

承包商与代理商一样，区别在于承包商通常会揽下不止一家企业的业务。你是否需要新增向导由承包商的技能范畴决定。仔细评估承包商代理的其他相似的或具有竞争力的产品，分析他 / 她如何排列各家产品在市场上的优先顺序。

出口商

你有一种终端产品要引进，模式为 B2B 或 B2C。出口商熟知驻地国的贸易规定、交通情况、库存情况、物流运作等情况。他们会帮你处理一大堆必要的文书。出口商应具有良好的物流关系网和业内零售关系网。出口商了解竞争格局（一定程度上），也许还能帮你接洽买家，这由你所处的行业决定。此外，还有其他一些登山向导，如当地的营销代理或承包商。

家族集团

家族集团和上面的代理商类似，但他们的关系网要广阔得多，连金融与后台服务也能覆盖。你可以利用他们对驻地国的了解以及他们的人际关系网和政治资本，但需要注意他们代表了多方利益，可能会带来政治"包袱"。家族集团应拥有良好的业内关系网，包括恰当的政府关系，所以他们能为你同合作伙伴及买家牵线搭桥。他们还熟知当地的竞争格局。你可能还会需要其他向导，这由家族集团的技能范畴决定，但新来的向导必须获得家族集团的认可。注意，家族集团可能会介绍、许可其他向导加入，因为他们想把这些人置于自己的影响圈内。请认真调查家族集团的政治关系，因为它们能成就你，也能毁了你。

特许经营代理

你要将一个品牌和终端业务放到驻地国进行特许经营。特许经营代理会帮你完成特许经营的本土化，获得驻地国许可，满足法律要求。他们应同业内、监管单位和政府建有良好的关系网。他们清楚竞争格局，会为你同潜在客户牵线搭桥。你可能还会需要其他向导，如本地营销代理和承包商，这由特许经营代理的技能范畴决定。

合资企业

你打算将手头的解决方案、产品、服务或商机带到驻地国。在合资企业中，你将与当地的合作伙伴共担风险、共享收益。你将利用合作伙伴对驻地国的了解和政治资本。合作伙伴将利用你的商品、技术和投资。合作伙伴应有良好的客户关系网，将合资企业同买家和用户连接；他们会连接你和买家，而且清楚竞争格局。通常来说，其他向导会由合资企业来选定，但你肯定想参与当地 CEO 的选定。极端情况下有出现重大风险的可能。如果合资企业获得了圆满成功或者未能收获理想结果，都请认真评估你的选择。

授权代理商

你打算将一套程序、一种技术或一件产品授权给驻地国的代理商销售。授权代理商能获得国家许可、满足法律要求。授权代理商应与监管单位和政府建有良好的关系网。他／她清楚竞争格局，但可能不会连接你和潜在买家。其他向导还应包含本地销售代理或承包商。

取好择优

你希望自己做的每件事都能达到最佳效果。你想要最好的登山向导，因为对你的产品、驻地国、目标客户、欲进行的业务开展方式来说，你所选择的登山向导和商务关系都是独一无二的。谨记这一事实，即你的登山向导是销售代理人，他代表贵公司为你做销售，因而登山向导需要帮你找客户。

找最好的登山向导来满足你的业务需求。在前面的小节"要登什么山"中，我们对角色、行动导向和影响力进行了详细说明。这些因素能缩小登山向导的竞选范围，接下来你可以开始面试应征者了。

最重要的五项标准为：

* 业内经验；
* 与相应产品有关的经验；
* 销售周期长度；
* 商务风格类型；
* 地区。

影响你选择过程的因素有很多，请务必将下列重要事项纳入面试问题和选拔标准：

业内经验

* 这位登山向导有你们行业的工作经验吗？他 / 她"了解"你的事业吗？他 / 她清楚自己将和哪些人共事吗？

* 这位登山向导都认识哪些人，又有哪些人认识他 / 她呢？美国是世界上唯一一个同陌生人做生意的国家。欧洲人、亚洲人、非洲人和南美洲人都是靠经人介绍来做生意。一个在业内备受信任的成员会将他的信誉传递到贵公司。如果你的产品被选中了，原因可能不在于价格或技术，而在于牵线搭桥的人。

* 这位登山向导有跨行经验吗？我们赞同莫娜·珀尔在《全球增长》中的说法：

有跨行经验的登山向导具有灵活性、开阔的思维，以及更多新产品入市所必需的通用本领。他们更愿意在舒适区外探索解决方案。

相关产品经验

* 这位登山向导在驻地国代理过类似产品吗？

* 他 / 她明白未来的挑战吗？懂得如何应用已有的经验来应对这些挑战吗？

* 登山向导，不论是企业还是个人，都应有良好的财务状况和丰富的资源。想必你不会想成为登山向导的第一位客户，因为新手根本不知道自己不知道什么。你也不会想成为登山向导的最大客户或最小客户。

* 如果你的登山向导是一家企业，那你就可以从更多的渠道获取其财务信息，如邓白氏（Dun & Bradstreet）或当地特有的渠道。只要交付一笔合理的费用，服务方就会为你提供关于你的代理人、合作伙伴和客户的诸多信息，如所有权、活跃度、财务状况等。

销售周期长度

* 代理人取得的最大成功是靠多长的销售周期实现的呢？有的人善于利用短时销售周期工作，他们以这种方式在短期内反复获取市场反馈来确定自己的行动方向。

* 有的人善于利用长时销售周期，他们懂得如何慢慢搭建买卖双方的关系，逐步建立信任、增加价值。

* 不恰当的销售周期会导致销售牵引力缺失，企业和登山向导都会有挫败感。

商务风格类型

* 登山向导的商务风格应该是谦逊而自信的。狂妄自大在任何市场都不受待见，不论是国内还是国外。

* 罗伯特建议雇用擅长做实体产品的登山向导，而非服务类的。即便你卖的是服务，也应该将服务包装成产品。服务代理商善于根据客户的需要定制产品，而产品代理商更善于将现有的产品放到合适的市场来满足客户需求。

* 有哪些商业方法在本国是有效的？哪些在其他国家有效？你未来的登山向导认

为什么最适合驻地国客户呢？

* 如果你的产品需要通过咨询实现，那么一个咄咄逼人的登山向导只会赶跑客户，这种向导做不好顾问式销售。

地区

* 登山向导能有效覆盖整个驻地国或地区吗？

* 登山向导离地区有多远？他 / 她能轻易地接触到客户和政府官员吗？关键是要面对面的接触。

* 你的登山向导能在驻地国建立信任、获得尊重吗？如果你的产品能提升工厂的自动化水平，那么一位扎根德国的代理人就能在整个欧洲地区为贵公司做代理，因为国际市场十分看好德国的工厂技术。如果你的产品属于高端化妆品，那么一位法国或意大利的代理人或许能更出色地为你在驻地国代理产品。

必须要考虑运营方面的问题。下面是我们在面试环节会问到的一些问题，目的在于进一步了解驻地国，同时深度考察登山向导的运营方式：

市场情况

* 打入市场的最好办法是什么？

* 当地客户期待何种附加业务或者售后服务？

* 本国供应商的身份有优势吗？为什么？

营销成本

* 什么是接近驻地国客户最有效的方法？

* 概述一个经济有效的营销活动。

提案事宜

* 描述典型的提案流程。

* 详细提案需要提供当地语言的版本吗？如果是，你建议我们如何完成？

技术知识

* 决策过程中的各个步骤所包含的技术深度如何？
* 决策者如何看待驻地国和其他国家的技术专长？

选拔过程的最后一点：你和这位登山向导真的欣赏彼此吗？人际吸引力很重要，因为你们将在驻地国"一起生活"。即使你不在，你们也还会在每周进行两到三次谈话，就像约会一样。如果你不喜欢这个人，那这段关系好不了。如果你们之间的关系是彼此信任、彼此尊重、团结一致的，你本人与你的客户及合伙人都能轻易感觉到；但若不是，感觉同样明显。

罗伯特和珍妮特通常会给登山向导候选人布置"家庭作业"，要求在两次面谈的间隙完成。这为登山向导提供了展示才干的机会，借此你能看到他们的沟通效率和应变能力，还能看到他们对你的业务所持有的深刻见解。

"家庭作业"能给你带来无价的市场信息，将来这些信息可用于驻地国的市场启动中。但在确定工作关系前，不要滥用你的特权提过多问题。

下面列举了部分我们最喜欢的聘前家庭作业。在建立正式的工作关系或签订合同之前，我们很少会布置超过一项的任务。

* 竞争：驻地国的主要竞争对手有哪些？市场领导者的销售策略和市场策略是什么？客户为什么偏爱市场领导者的产品？
* 政府：这个行业在驻地国归什么部委机构管？监管情况的预估和走向如何？登山向导在管理部门的人脉会对他有何建议？
* 买家：在登山向导看来，谁是初期 PoC 客户的最佳人选？在他 / 她的国家，有什么特殊利益是客户看重的？谁会参与审批与决议？

去驻地国会见登山向导候选人。与他 / 她多见几次面，约在不同的地点——你的酒店、餐厅，或者他 / 她的办公室。

造访登山向导的办公场所能让你更进一步了解他 / 她的业务规模、专长、多元化程度以及大体的经营模式。如果你的合作对象是一个团体，而非单独个体，造访其办公室还能让你更容易见到这个组织的资深成员和高管。如果登山向导是个体，他／她也会有自己的办公地点。海外的个体代理人跟本国的个体代理人一样，都有属于自己的办公地点，比如：一间租用的办公室、咖啡店、借用的办公间等等。谨记，不能只看外表，一间寒酸的办公室也可能会有你的业务所需求的优秀人选。

关于如何选拔登山向导以及如何与其合作，吉克·楚有更多的见解。

BUILT FOR GLOBAL
Navigating International Business
and Entering New Markets

吉克·楚的故事

人际关系是个麻烦事，要留心那些微妙关系背后的风险。吉克·楚强调，聘用可信且忠于企业的登山向导十分重要。但这并不好办。驻地国的人际关系错综复杂，因而可信和忠诚是成为登山向导的必备条件。

吉克·楚是一名韩国区的登山向导。他是土生土长的韩国人，曾在美国上大学，与美国企业和韩国企业都有过合作的经历。吉克·楚在第 1 章中为我们分享过两个有趣的故事，均与趋势有关。

故事 1：查明真相

美国企业不习惯政商结合，但这种做法在其他国家却很普遍。企业天真地诚信行事，政治活动却在幕后悄然进行，这种情况时有发生。

一家美国制药企业与一家韩国大型药厂合作已久。一直以来，美国企业都是将化合物卖给韩国药厂。后来该美企希望成立一家合资企业以增加利润。由于它们已经与这家韩国企业合作多年，美国企业的员工认为他们对该企业已十分了解，可以对其托付信任。

美国制药企业不知道的是，包括自己的合作厂家在内，很多韩国药企都在游说政府不要发放合资企业许可证。它们这样做是出于自身利益，想要捍卫韩方独揽业务管理的权力。

美国企业奋勇向前，聘用吉克·楚为合资企业的本地首席执行官。吉克·楚同"青瓦台"（韩国的白宫）关系密切。他很快便说服了政府官员，取得了股东权益比率为 50∶50 的合资企业许可证。

韩国药企的 CEO 做出让步，签署了合资企业协议，但此后对吉克·楚怀恨在心，暗中使坏将吉克·楚撤走。合资企业成功运营了 15 年，但却因韩国药企操控了诸多决策，其间做出的部分决议损害了美国企业的利益。合资企业的股东权益比例从 50∶50 调到了 51∶49，韩方占了上风。然而除了继续利用韩国药企的经销网之外，美国企业别无选择。

吉克·楚的教训：聘请员工或结交合作伙伴时，一定要选择那些信得过且忠于你的人。"如果有员工与当地合作伙伴有矛盾，请另聘新人"。若无可信队友，则不可继续推进。

故事 2：查实不合作的原因

如果原本很好的关系突然变了，务必深入调查原因。

一家大型的加拿大企业与一家韩国企业是合作销售伙伴。韩国销售伙伴售卖加拿大产品，获利丰厚。该产品销售状况稳健，两家企业的关系保持良好，能做到彼此尊重、知识共享。

之后，加拿大企业推出了一款激动人心的新一代产品，并以为韩国企业会满心欢喜地接受新产品。然而，恰恰相反。韩国销售伙伴拖拖拉拉，并没有接受新产品的打算。加拿大企业很是困惑，毕竟该产品能为双方都带来更高的销售额以及更丰厚的利润。

这段关系的进展举步维艰，加拿大企业没能看到韩国销售伙伴发展它那款颇有竞争力的产品的情况出现，而韩方最终自行放弃了加拿大产品。

吉克·楚的教训：聘用你信任的合作伙伴，如果情况有变，必须挖掘深层原因。"如果当地合作伙伴拖拖拉拉，除了另请高明，企业并没有多少办法，当然这也要在合同允许的情况下。但是，请做好市场会因此被打乱的心理准备"。

故事 3：当心隐秘代理人

大有可为、高速发展的市场是激动人心的，同时也是风险重重的。多种趋势汇成大势，以惊人的变化和科技发展影响着各行各业。大型企业、初创企业、政府支持的事业单位都在竞相争夺，相互协作，互争雄长，彼此配合。很难说清谁会是赢家。

与吉克·楚合作的企业深受这次科技浪潮的影响。吉克·楚对政府、企业及公众竭力游说，但他忽略了一点，一家初创企业与一名职位极高的官员关系紧密，该官员担任了这家初创企业的隐秘代理人，他能影响事关韩国行业趋势变化的立法。最终，吉克·楚所代理的企业当时没能在韩国立足。

吉克·楚的教训："一开始就要当心隐秘代理人。"

吉克·楚代理的技术和企业最终还是主导了全球市场。回顾那段历史，吉克·楚在韩国市场上花了如此之多的精力、时间和心思，但却因隐秘代理人的存在碰了壁。好在他的企业后来主导了市场，这在现在看来算是一剂苦口的安慰药。

优秀向导也挑人

在面试未来的登山向导时，要做好他们也会面试你的心理准备。充分运用你多年来积累的管理技能和面试技巧。这些其实都是大同小异。跟其他面试一样，周到细心的候选人会问你问题，请做好心理准备。

来看看候选人会问你哪些类型的问题：战略的、见解的、运营的、战术的或者没问题。（没问题？不，不会没问题。）

通过登山向导问你的问题的类型，你能够洞察登山向导的思维方式以及他／她的才能水平。战略型和见解型问题体现了登山向导有更好的自主能力和规划能力。爱问运营型和战术型问题的候选人将来可能需要在管理方面给予更多的指引和指导。下面是候选人可能会问到的一些问题：

* 战略型

  – 在这个国家（根据具体情况而定）获得成功对贵公司以及贵公司的全球计划有什么影响？

  – 你们为什么选择在这个时候进驻这个国家？

  – 你们此前在这个国家做过生意吗？和谁做的？结果怎么样？

* 见解型

  – 请谈谈什么是客户保留？客户支持呢？

  – 你们加入了国际上的哪些贸易协会、商业协会或者其他联盟？

  – 请谈谈贵公司的其他国际代理人。哪些已经发挥作用？哪些还没有？代理人们会定期见面，分享他们最好的实践经验吗？

* 运营型

  – 培训结束后有谁能为我提供帮助？

  – 你们有结果导向的奖励机制吗？例如超预期完成任务，引荐其他代理人等？

* 战术型

  – 你们提供培训吗？正式培训需要多少天或者多少小时？收费吗？

  – 你们能提供什么样的市场材料或网站服务？

和其他面试一样，你能通过面试者所提出的问题一睹未来代理人的深层动机。登山向导的动机是多方面的，有个人因素、职业因素、社会因素以及团体因素。

如果问题集中在报酬上，这说明你的登山向导看重的是收入前景。在美国

人看来，视金钱为动力是一件好事。但在其他国家，这预示着将来可能会出现有关个人收入或企业收入的麻烦，因而该动机会变为一个减速带。单单以金钱为动力的人可能会在担当贵公司的代理人时做出糟糕的决策，因为他们的目标仅在于增加自己的收入。

如果该问题集中在创造就业机会和经济发展方面，这说明该登山向导可能

更关注如何造福于国家。这一动机很重要，因为你的代理人会把他 / 她的角色看得比实际的要重大。如果强烈的民族主义偏见阻碍了贵公司在驻地国的成功之路，那该动机就是一个减速带。你需要做出抉择。

如果问题集中于目标和结果，那么成就感可能就是登山向导所看重的。这是一个加速器。因为靠个人成就和职业成就来驱动的代理人往往最成功。并且这一动机深受美国人的喜爱，所以这类人将更容易适应你的管理风格。

感觉压力山大？那是因为你有一种紧迫感，时间非常关键，并且你的老板一直在问进度如何。这时要注意了：前方有障碍，请深呼吸。不要选你的第一位面试者做代理人，这种错误犯不得。如果犯了，你的决定可能会在之后叫你失望。

选拔登山向导很耗时，不要急于求成。请在选拔过程中做到应有的深思熟虑。初次面试可以通过 Skype、电话或 WebEx 进行，但是你还得亲自去驻地国会见候选人，必须要见面。这样你才能更深入地了解登山向导的具体表现，从而获得更具广度和深度的信息，最终做出合理的决定。

制定协议

商务协议有两个重要层次：法律协议和工作协议。

工作协议最为关键，因为工作协议可以奠定法律协议和日常活动的基础。下面主要讲工作协议的组成部分。

在有的国家，合同的重要性比不上口头约定和通过鞠躬或握手达成的协议。然而，不管驻地国的习俗如何，你都必须要将协议写出来。

关于合约协议的事情，你可以寻求法律顾问的帮助。这并非难事，也并不可怕。有很多现成的标准协议，只需稍加修改便可满足你的商务情况以及驻地国的要求。登山向导的类型决定了协议的类型。不管你要的是保密协议、注册代理人协议、独立承包商协议、操作协议还是其他协议，你的法律顾问都能轻而易举地为你提供最合适的协议。

可以将工作协议或运营指南以谅解备忘录或其他非捆绑式协议的形式呈现，协议应有双方的签名。工作协议概括了预期、目标和工作细则。罗伯特比较喜欢用一种简单的表格格式，页数两三页，语言为简明英语，并且不会有很多法律术语。

工作协议应进行定期评估、修订和更新。这些事通常紧随贵公司的财务周期进行，但不是必须的。一份工作协议一般包括以下八个主要部分：

* 当事人；
* 聘请说明；
* 指定范围；
* 目标和目的；
* 业务拓展服务；
* 薪酬；
* 期限与终止；
* 签名栏。

当事人是指该协议的签订人，包括：

* 代理人（登山向导的个人姓名或企业名）；
* 贵公司和登山向导的汇报对象。

聘请说明涵盖了聘请形式和合作目的。

* 此处的聘请形式可以是独立的或非独立的。登山向导可分为代理商、承包人、顾问或其他（详情请参照小节"登山向导的类型"）。
* 聘请目的可以是销售、专业知识、销售落实、支持维护（详情请参照小节"要登什么山"）。

指定范围部分应包含根据相关参考因素确定的业务重点，参考因素包括：地理位置、产品和 / 或服务，客户或其他决定性因素。具体如下。

* 负责的地域范围——国家、地区或城市。
* 登山向导将为贵公司代理的产品和 / 或服务。
* 登山向导需联系的目标客户——这由你的业务情况而定，具体包括垂直市场、产业、大客户、水平市场、职责、职称。
* 对灵活性的简单描述（非强制），例如："指定范围由双方在由（代理人）为（企业）代理的销售活动启动前共同商讨、复核并以书面形式达成一致。"

目标和目的部分应包含体现关系本质的量化目标，如：收入、客户获得、会谈或其他。

* 金钱目标的单位通常为美元，表示计划在工作协议期间达到的累积数额。
* 此处应有关于收入类型定义——预定、收入、已收款。（详情请查阅附录二"薪酬激励"中的佣金部分）

业务拓展服务应包含对登山向导所担当的角色及所提供服务的类型的预期，包括进度表和报告要求。

* 角色和服务需根据企业入驻阶段和登山向导的技能来定，具体入驻阶段可包括：
  – 召集企业员工、合作伙伴或客户；
  – 联系政府；
  – 同驻地国的代理商合作（如果适用）；
  – 回复询盘；

– 提供有关市场情况或趋势的信息；

– 参加贸易展览（如果适用）。

* 进度表包括日程表、财政表，或者注明时间范围的项目事件列表（如注明进度的活动列表）。

* 报告包括滚动销售的形式和时间间隔计划、账户信息、客户关系管理（CRM）或独立报告工具的使用。

* 该部分应列明具体声明及一般准则，如："（代理人）必须时刻遵守（企业）的经营方针。"

薪酬包括赔偿金、工资和报销。有时需要另起一份协议，这视公司政策而定。

* 薪酬纲要涵盖了以下适用要素：

– 定金；

– 奖金；

– 其他奖励措施。

* 需说明代理人在申请赔偿金或报销时的职责（如果适用）。

* 需说明企业的预计支付时间。

* 详情请参见附录二"薪酬激励"。

期限和终止设定了协议的时间范围及终止方式。

* 此处应包括协议的有效期，例如："协议于双方商定的日期开始生效，自生效之日起（填数字）月后终止"。

* 还需说明无理由终止协议的情况，例如："如果任何一方要终止协议，务必提前30天以书面形式通知另一方。"

* 应约定协议终止后依然有效的条款及其后续的有效期。例如："协议终止后，佣金部分（可变薪酬）依然有效，后续有效期为……"

签名栏的填写表明双方达成协议，应包括：

* 你的签名或企业委托代理人的签名；

＊代理人（登山向导）或受委托人的签名；

＊签名时间。

工作协议囊括了所有事情：登山向导的类型、预期角色、他／她应满足的需求、该人被选中的原因，他／她的应有薪酬。工作协议应用于授权和赋能，而非限制和控制。你要做的是说明协议的规则及你们将如何共同努力，以在驻地国达成目标，获得成功。

薪酬激励

成功的经营活动需要一定的投资。成功建立你的业务需要进行多方面投资：人力、物力、精力、服务、知识、办公空间等。把业务发展到其他国家去也需要投资。投资你的登山向导：在合理的预算内，采用能激励和鼓舞登山向导的薪酬机制。

如果你想要加快业务的发展，那就拿出一套用于奖励出色业绩和忠诚品质的激励方案，立足当前，放眼长远。有的企业会设置可变薪酬的上限，罗伯特认为这种做法极不明智。可变薪酬的上限会打压驻地国业务的运转力度，使企业难以把握加速发展的机会。

薪酬结构也应该属于限时协议，这方便在特定时段结束时对其进行修订。市场初步建成后，时间范围应是你所了解的销售周期或周转周期的两倍到四倍。一家平均销售周期为三个月的企业通常会建立六个月或一整年的薪酬计划。大多数薪酬计划都与企业的财务周期一致。

激励措施的核心内容为佣金、定金、奖金、经费报销及其他激励措施。

＊佣金是可变薪酬计划的一部分，它以特定的财务目标为基础，如预定、收入、已收款。佣金数额的设定要与工作难度密切联系。在与登山向导合作的早期，

由于工作难度大，所以要设置较高的佣金。在之后的市场发展阶段，随着市场份额的扩增，工作难度降低，佣金应有所减少。

金柏莉·班森的故事

金柏莉·班森是塞奈达全球（Zenaida Global）的董事长，她喜欢纯佣金制的报酬方式。身为董事长，她要负责充分考察企业在选定的海外市场取得成功的概率。她是主动型的登山向导。纯佣金制意味着金柏莉要担当100%的风险，因而她必须取得客户的高度信任，让客户相信她能成功。同时，金柏莉还受益于国际业务的成功——因为销售额增加，她的佣金也会增加！

* 定金是在具体工作开展之前支付的固定薪酬。为方便起见，我们使用"定金"一词，但贵公司可能会用其他术语来表示固定薪酬，像"保证金""津贴""开支"等。定金表示贵公司同登山向导就双方的行动导向已达成协议。定金的支付方案最好以工作协议中的工作安排为基础。

吉克·楚的另一个故事

吉克·楚更喜欢定金与其他报酬形式（如佣金或奖金）相结合的薪酬机制。因为一家企业要进驻一个新国家，必须得完成大量的工作（例如政府引荐、行业政策游说和人际关系搭建）。这些活动有很多不会直接产生销售结果。吉克·楚以积极型和应答型合作伙伴的角色来协助客户完成必要任务，保证企业取得成功。他知道，要将一家企业和一件产品引进新市场并取得效益需要耗费大量时间，做大量准备，付出大量精力。

* 奖金通常是作为定金的补充来发放，用于奖励良好的工作表现或特定目标的达成（例如，安排会面、找到合格的潜在客户、签下谅解备忘录或者获得 PoC 客户）。

* 经费报销是对员工在执行工作任务时所产生实际开支的补偿，这部分开支应由双方商定。报销经费的流程同本国企业一样，可能需要上交收据和证明（目的陈述）。

* 其他激励措施可用于鼓舞和激励员工再接再厉。其他激励措施可采用奖励形式来提升生产力和绩效，具体包括礼品发放、培训机会、参会资格、赞誉之词等。

详情请查阅附录二"薪酬激励"。

如何觅得优秀的登山向导

寻觅登山向导的办法有很多。最常见的办法就是求助于你的人际关系网，雇用生活在驻地国的侨民（移居国外者），或者利用政府资源。

从你自己的人际关系网开始。你可以在自己的关系网中寻找目标，也可以让人推荐从事过类似业务的人或组织。你的信誉可以通过人际关系传递，进而促进初次对话的建立。珍妮特曾服务过的一家想要进入欧洲市场的企业，它们选择西班牙为初次进驻的国家，原因是企业内部的一位西班牙员工对此事很感兴趣，并且愿意提供帮助。他联系了一位非常厉害的登山向导，使得该企业入驻西班牙一事异常顺利。后来，这位西班牙人主动提出要回"家"，这又进一步推动了企业的发展，因为他对企业、产品和业务情况十分了解。有了西班牙业务的良好开端，他又找到了合适的经销商完成销售、库存和服务，从而迅速建立了企业进驻他国所需要的关系。

有相关行业经验或政府工作经验的退休高管是一笔宝贵的资源。罗伯特曾在不同情况下验证过这一做法，结果都很成功。罗伯特利用他的关系网和政府资源在驻地国选定符合登山向导要求的人选。退休经理有着深厚、广阔的关系网，他们与关系网中的成员彼此信任。退休高管喜欢担任登山向导这一角色，因为这能让他们与外界保持联系。此外，他们还能带来极有价值的多年的驻地国工作经验。吉克·楚就是一名退休高管和优秀登山向导；他的故事相当有含金量。从中我们可以收获宝贵的经验教训，获知工作中的禁忌事项，学习他的洞察力和幽默感。

侨民也是颇有吸引力的一类登山向导。侨民通常指被派到另一个国家，帮助企业在指定地区或国家开展业务的员工。侨民了解美国企业的运营情况，会说流利的英语，能让你感到舒心——因为他们能帮你轻松渡过进驻他国这一难关。如果他们曾服务过你在驻地国的竞争者或处理过相关业务，那他们便会了解你在引进产品时会遇到的问题。最好能了解他们选择继续留在驻地国而非返回美国的原因。通常，他们对美国的了解比较过时，尤是在他们离开美国超过五年的情况下。他们的关系网不如退休高管的宽广和深厚，但仍然具有很大意义和价值。

另外一种寻觅登山向导的有效途径是利用政府的资源。为了提升美国的出口量、对接美国企业与潜在代理人及客户，驻地国和美国经常举办出口活动。所以，你可以联系国内和驻地国的美国大使馆，展开调查。还可以通过联邦、州立、本地政府的网站搜索资源，找到出口活动或更具针对性的单个企业活动。例如，Export.gov 网站就是很有用的联邦资源。很多州或大型美国城市也有特定国家的领事馆，这些领事馆能促进贸易，帮你对接上潜在代理人。

人们可以完成伟大的事业，不管是建筑师、运动员，还是科学家、音乐家、作家和商务人士。说到杰出人物，你大概能想出一连串：弗兰克·劳埃德·赖特（Frank Lloyd Wright）、巴比·鲁斯（Babe Ruth）、阿尔伯特·爱因斯坦（Albert Einstein）、米克·贾格尔（Mick Jagger）、约翰·斯坦贝克（John Steinbeck）以及无数其他人。但你未必能想到另一些人，他们将自身才能同他人的才能相结合，形成一个团队，一起去成就伟大的事业。团队可能在台前，也可能在幕后，但所有的伟大成就都需要团队来完成。

企业跟个人一样，通过将其他企业的技能和影响力与自身努力相结合，便能成就伟大的事业。2007 年，苹果公司在首次发布 iPhone 时与美国电话电报公司合作，完成了分销工作。这一举措让苹果获取了"18 中的 18"：仅在上市后的 18 个月里，苹果破天荒地占据了 18% 的市场份额。麦当劳的快乐儿童餐闻名世界，它始终坚持将该产品与新近流行于儿童群体的电视和电影人物进行联名推广。这是两个著名商标的联名推广，如快乐儿童餐与海绵宝宝或者蝙蝠侠，这一方法不仅将孩子们牢牢俘获，就连大人们也难挡其诱惑。

登山向导是你在驻地国的代理人。你的登山向导可以是某个明星人物，如迈克尔·乔丹或约翰·艾尔威，也可以是一家机构或一个团队。你的登山向导在驻地国应具有一定的影响力，包括在贵公司所处的行业内以及潜在客户群体中。

合适的登山向导会带来令人满意的结果。如果没有出版商，约翰·斯坦贝克会怎样？如果没有建造者，弗兰克·劳埃德·赖特的建筑设计又能怎样呢？团队合作能提升技能、增长才干、丰富思想，就像滚石乐队助力米克·贾格尔、纽约洋基队助力巴比·鲁斯的名声和成就一样。要是没有合适的登山向导或后方团队，你会身在何处？合适的登山向导是团队的关键成员。他 / 她能为团队增长必要的知识，补给相应的技能，减少不必要的风险，让你的业务成果达到最佳。

评估自身登山能力

① 登山向导的挑选

1. 明确登山向导在贵公司所充当的角色在哪方面提供咨询：销售、专业知识、销售落实，还是支持维护（见图 3-3）？你希望登山向导攀登什么山？把它写下来（嗯，你之前听过这个建议）。

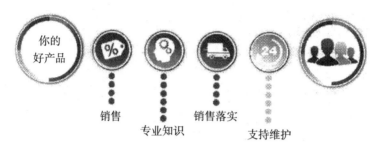

图 3-3　登山向导提供的帮助

2. 什么角色或行动导向最为关键：主动型、积极型，还是应答型？

□ 主动型的行动导向与销售方面最为对应。根据行业惯例，主动型的登山向导也是提供销售落实和支持维护服务的理想类型。

□ 积极型的行动导向与要求专业知识的角色最为对应。但是，根据你的消费引领模型，积极型有时也适用于销售。

□ 应答型的行动导向与销售落实或支持维护者的角色最为对应。

3. 什么类型的登山向导最符合你的需求：代理商、顾问、合同制造商、承包商、家族集团、特许经营代理人、合资企业、授权代理商或其他？再花点时间来回顾"登山向导的类型"。

②登山向导的体系

1. 你有登山向导吗？

□ 没有　□ 有

*如果没有，请跳过这一章的评估问题，马上去找！

2. 工作协议到位了吗？

☐ 没有　☐ 有

*如果没有，拟一份。

3. 薪酬体系到位了吗？

☐ 没有　☐ 有

*如果没有，赶紧拟一份用于酬答、激励登山向导的计划。

③ 登山向导的实力

1. 你的登山向导近期是住在公司的指定地区吗？

☐ 不是　☐ 是

*如果不是，为什么？差旅相关的问题有哪些？这会影响报销经费吗？还有其他相关问题吗？

2. 登山向导是否以驻地国本地语言为母语？他能否自如运用当地语言？还是处于会话水平？

☐ 母语　☐ 运用自如　☐ 会话水平

*如果不是以驻地国本地语言为母语，当地人会如何看待此事？

3. 登山向导的大部分相关工作经历都是在驻地国吗？

☐ 不是　☐ 是

*如果不是，你认为这会对他们担任既定的角色有何影响？

4. 他的行业相关经验如何？

☐ 没有　☐ 很少　☐ 一些　☐ 很多　☐ 大量

*如果没有或很少，你认为这会对他们担任既定的角色有何影响？

5. 登山向导的角色包含销售吗？

☐ 包含　☐ 不包含

*如果包含，他/她在垂直市场的相关销售经验如何？他/她与决策者（管理层和职能部门）合作的相关销售经验如何？

*如果包含，他/她用过同样长度的销售周期完成销售任务吗？

*如果包含，他/她走过类似的销售流程吗？

6. 根据登山向导在面试过程中向你提出的问题，你如何看待他的工作风格？将你所观察到的情况按 1 到 4 进行评级，1 表示该特点最为强烈，4 表示最为微弱。

* 战术型　　＿＿＿＿＿＿
* 战略型　　＿＿＿＿＿＿
* 运营型　　＿＿＿＿＿＿
* 见解型　　＿＿＿＿＿＿

第 4 章

建立信任

　　谈话的内容有点怪，让人很不自在。莫瑞斯（Maurice）一直在谈论恋爱、父母与家庭。亚历克斯在一家小小的安静的咖啡馆约了莫瑞斯谈生意，至少他是这样想的。

　　莫瑞斯引用了婚姻专家海伦·陈（Hellen Chen）曾说过的一句话，即85%的恋爱关系最后都会以分手告终。这就意味着最终走进婚姻殿堂的恋爱关系只占区区15%。让人更为吃惊的是，莫瑞斯告诉亚历克斯，85%的美国制造商没有出口他们的产品，只有15%的制造商会选择出口。哇！亚历克斯对此深感震惊。

　　更出人意料的是，在过去的三四十年里，这个出口比例一直保持不变！而美国始终位列世界五大出口国之一，这怎么可能呢？

　　亚历克斯对此提问："为什么美国那85%的制造商不出口他们的产品呢？"

　　莫瑞斯平静地回答道："就像85%的恋爱关系最后都会无疾而终一样。"

　　"在一段恋爱关系中，会遇到很多需要相互信任才能克服的问题，比如：不同的期望、不同的兴趣爱好和不同的优先选择。"莫瑞斯继续说道，"更不要说还有来自父母和家庭的干预和影响。同样的道理，要把驻地国的客户需求和企业的产品完美结合也是非常复杂的。二者的完美结合需要建立在互相尊重、互相认同和互相信任的基础上。"

　　是啊，这就说得通了。亚历克斯想。

　　"来自母公司的内部压力和其合作伙伴的阻挠是企业国际化道路上的第一大障碍。"莫瑞斯解释道。

　　亚历克斯对此觉得颇为奇怪。他慢慢地品着咖啡，边回味边陷入沉思。全球化的发展会为企业带来如此大的增长潜力，那为什么企业会自己挡自己的道，自己给自己下绊子？

嗯。也许 TolpaTek 公司也一样。亚历克斯看到了阻力。是的，这里面有许多风险规避、成本控制和复杂的文书工作等问题需要处理。但是遵循本书提供的企业全球化风险防御准则帮亚历克斯解决了公司里的很多担忧。辛西娅是公司的首席财务官，她担心公司会得不到应收款。而负责生产的马丁担心的则是复杂的国际运输文书工作。其实这些工作可由 TolpaTek 公司的货运代理企业来处理。

亚历克斯也曾目睹过更微妙、更主观和更具攻击性的一些担忧，比如不切实际的内部期望，不愿配合和信任合作伙伴。有时候亚历克斯和他的公司似乎在以不同的速度成长和发展，不合拍。

他笑了。莫瑞斯是对的。国际商务确实和恋爱很像。所有需要融合、交流和信任的关系，没有信任就不能持久。

信任是每一段牢固关系的基础，不论是私人关系还是工作关系。信任是靠正直、透明、开放、诚实，以及对需要保密的事项严守秘密得以建立和维系的。

信任是成功之基。对母国团队、目标市场和客户的信任，对于企业最终取得成功来说至关重要。缺乏对三者的信任，企业全球化就难以真正成功。

信任就像企业的泡沫包装。它包裹着每一层宝贵的商业关系，从而减少外部影响带来的伤害。

当业务平稳运行时，泡沫包装的缓冲作用会变得更大，从而给商业的正常运行提供更多的保护。那些小小的信任泡沫充满了更多的信任因子，产生了更大的信任泡沫，从而更好地引导商业关系在动荡时期的发展。当商业合作进展不顺时，双方建立的信任可以保持商业关系的完整性，防止关系破裂。信任的重要性可通过图 4-1 来表示。

图 4-1　信任是关系的基础

　　而当信任不复存在，戳破那些脆弱的泡沫时，要当心！

嘭！不再透明。嘭！业绩糟糕。

啪！不再诚信。哇！欺诈爆发。

咚！完了！

　　幸运的话，你可以重建信任。但是你需要用与以往显著不同的方式做事，而且这需要时间。嘭！啪！更糟的情况就是重建信任已不再可能。那就只能卷铺盖回家了。

　　信任的泡沫包装是强有力的，同时也是非常脆弱的。泡沫只不过是些塑料包装和空气，然而我们却让它来保护那些最无价的东西。

　　企业国际化之道，走向新市场，走向互相信任。

同母国团队建立信任

BUILT FOR GLOBAL
Navigating International Business
and Entering New Markets

金伯利·本森的故事

取得企业全球化的成功全无捷径。Zenaida Global 公司的总裁金伯利·本森强调，多重因素会对企业国际化的成功产生影响。

在企业内部建立互信是一个不容忽视的因素，她这样说道。与母国团队之间的互信将会帮助企业确立一个正确的国际化规划，全面评估风险，以及更好地解决问题。

金伯利通过讲述她与一家高端厨具制造商合作的经历来阐释信任的重要性。这家制造商的目标是追求奢华的买家，而不是大众市场中的普通消费者。这家高端厨具制造企业雇她去国际部工作，为它们的出口业务提供指导。

刚到任时，金走访了企业在密西西比州的总部，见了各个部门的关键人物，了解和学习了企业的使命、愿景和战略。金在和每位部门要人聊天时，都询问了他们对于企业国际化的顾虑和意见。有几个部门的想法和顾虑确实很让人信服，因为一旦企业国际化进程启动，他们的工作就面临改革。金与企业总部各部门要人的对话与沟通，有力地促进了企业国际化过程中的通力合作、权责清晰和共识达成。

市场营销部想要在整个全球市场都保持营销策略的一致性，但是金明白，经销商应该算企业在驻地国的形象代言人。无论在全球哪个市场要想吸引高端消费者，都必须根据具体情况对营销策略进行微调。她告诉市场营销部，那种一个营销广告全球用的做法收效甚微。金与市场营销部建立的互信让市场营销部的员工明白，需要给经销商更多的自主选择空间，让他们决定是选择用现有的广告还是自己进行创新。在美国经济衰退期间，这一弹性营销策略对于巴西的经销商来说至关重要。企业为适应经济低迷的美国市场，将产品定位调整为更低调的家居风格。而这会令巴西的奢侈品购买者远离，因为他们喜欢精致高档的风格，而低调朴实的店面则鲜有人光顾。巴西经销商可以根据他们的目标客户选择适合的营销策略。

财务部门对于全美各地采取的分销商直接定价的方法颇为满意。对于财务部门来说，因国家不同造成的成本和价格差异是难以承受的。光是进口税就可能使成本至少增加 20%~30%。与美国有自由贸易协定的国家可以免除这些进口税，比如墨西哥和加拿大就与美国同属北美自由贸易区，进口税就可以免除。而金伯利在这方面贡献极大。

高端厨具制造商认识到进口税率的变化是非常重要的。税率重要到可以让一种明明可行的市场分销结构在进入高税率国家市场时失灵。因为高税率带来的高成本和高价格会让客户望而却步。而金的任务就是帮助企业决定进入哪个目标国家。

全球各地的经销商和客户需要企业提供诸如应付各种线路、电压以及时差的技术支持。根据不同国情，金伯利一次为该企业推荐一个目的国家，使得企业的技术服务和全球化扩张进程能够保持同步。

金伯利采用了一种更具包容性的方法来吸引新的分销伙伴。她在面试未来的分销合作伙伴时，将两家企业的地位相同的同事召集到一起对话聊天，以帮助其彼此熟络。金伯利明白分销商"酷爱夸下海口，给你一个世界"，但是要把这些承诺兑现还需要鼓励同道人之间多交流对话。而且对话内容从科技到市场营销都应涉及。正是金主张的这种交流和对话促成了两家企业的承诺和愿景变成现实。

另一个更加微妙、需要协调的是管理方式的差异。这方面的差异会引起包括从分销、物流到品牌等各个方面的冲突。金伯利以自己能够增进企业股东、经理和员工之间信息互通，进而建立成功的、可持续的出口关系而自豪。

每当金伯利确定一个新的经销商，将企业的高端厨具产品销往一个新的国家，金伯利就会买一面那个国家的国旗，挂在密西西比州总部生产部的墙上，以作纪念和激励。那些国旗对于密西西比州总部的员工和拜访者而言，都是最生动和具有深刻鞭策意义的激励和警醒。这些旗帜提示着人们，密西西比州的生产线的触角已经延伸到了全球各地人们的生活中。

要想成功地带领企业进入国际市场，必须要处理好相应的人际关系。金伯利是建立健康互惠的商业关系的行家里手。她与母国团队保持了良好的关系，得到了他们的鼎力支持，并通力合作拿下了一个又一个的国际市场。在金伯利与这家高端厨具制造商合作的五年时间里，墙上的国旗由最开始的 10 面增加到了 40 面，最后是 80 面。

如果你想带领你的企业进军一个新的国家，打开一个新的市场，不要孤军作战，获得母国团队的支持是非常重要的。寻求一个正能量爆棚、干劲十足的团队的支持。这样的话，即使是中间观战的人，也会受你的正能量感染而主动帮助你。总之，如果没有母国团队的支持，要想实现企业的全球化简直是天方夜谭。寻求跨部门的支持，这听起来可能有点难，但是看看金的成功示范，好像也没有想象中那么复杂。

全球化的努力并不需要整个企业都参与进来，仅需投入一部分契合全球化发展进程的力量，在后方协助企业进行国际市场开拓即可。

母国团队不需要向你报告，也不需要听你指挥。事实上，母国团队独立于你的直接控制范围之外，往往更能凸显其价值。这听起来好像不可思议，但是这确实会提高团队在提建议时的客观性和公正性。

当你不在的时候，母国团队可以代表你处理事务。比如，在员工会议上，母国团队可以作为你的代表介绍国际业务。更重要的，他们可以在边喝咖啡边商议这样轻松随意的对话中，给予你支持。

母国团队的建设：4C 原则

交流沟通、协商一致、通力合作和权责清晰这四大法宝会让你与同事、经理和其他部门之间的信任关系得到加强，进而填充母国团队的信任泡沫包装。我们生活在一个充满压力、选择、截止日期、激烈竞争等多重重压之下的世

界。4C 原则可以帮助我们在这样的社会环境下，成功地建立商业互信，从而为企业的全球化业务发展和新市场开拓保驾护航。

4C 原则可以提高你的个人魅力和号召力，增强团队的战斗力，同时扩大母国团队的影响力。

1. 交流沟通

经常就企业的愿景、使命和目标进行交流。定期加强发展战略和目标。持续介绍取得的一些小的进步和成绩。既要有所期望，又要务实，并始终保持乐观的态度。设定正确的目标：那些尽你所能可以实现的目标。

2. 协商一致

努力让全球化发展对于企业有益无害这一想法成为大家的共识。向团队成员传达个人的努力对于团队意义非凡的理念。帮助团队里的每一个成员明确他们的角色和重要性。每个人都希望能有所影响。

3. 通力合作

"三个臭皮匠，顶个诸葛亮。"把工作做到最好的方法就是加强团队成员之间的合作。大家通过集思广益协同合作来迎接挑战。并且不要忘记公开地或是私下里感谢和表扬那些积极参与的人。

4. 权责分明

个人和部门的权责分明有助于提高企业的工作效率，避免出现混乱状况。要确立清晰的全球化发展战略。并且随着企业全球化进程的持续推进，个人和部门的权责、企业的发展目标和战略都将日臻完善。

不断地实践 4C 原则可以帮助我们成立一支强大的母国团队。如果没有一支强大的母国团队做后盾，很多人都会成为企业国际化的唱衰者。我相信你是不愿意看到这样的事情发生的。

母国团队的人员组成

母国团队的规模和实力取决于企业的成熟度和国际化运营水平。而团队成员的去留则取决于企业业务的需要。

不过，不管人员怎样变动，来自财务部门的人才是一定要留在母国团队的。因为随着企业国际业务的开展，有很多关于货币、关税和订单的问题需要专门的人才处理。

在企业的国际业务步入正轨，开始在驻地国雇用全职雇员时，母国团队才会吸纳人力资源方面的人才。

母国团队必须包括投资者和负责媒体公关的人才。

如果这是你的企业在国外市场的首次尝试，那么母国团队应该包括以下三个方面的人才：

* 工程；
* 产品管理；
* 财务。

进行海外市场开拓的主要目标就是为企业发展树立新的里程碑，并达成。无论你的企业是大型公开上市企业、成功的中等规模企业，还是处于起步阶段的初创企业，都需要在技术合规、产品调试和货币兑换等方面得到支持。如果贵企业是上市企业，在母国团队中加入投资者，让其了解企业业务拓展的动态过程，因为这会影响投资者预期。

已经在国外市场探索过的企业，已经拥有了一个有经验的基本队伍，其母国团队应加入管理层。不同阶段母国团队的人员组成见表4-1。

表 4-1　　　　　　　　　处于不同经验阶段的母国团队情况

	国际经验		
	初次冒险	阶段成功	非常成功
母国团队	重要性		
产品管理 / 销售代表	★★★★★	★★	★
财务 / 法规	★★★★	★★★	★★
营销	★★★	★★★★	★★★
销售	★★	★★★★	★★★★
客户支持	★	★★	★★★★★

设置这一管理层的目的就是对企业全球化运作进行评估，判断哪些有效果，哪些没效果，以便在进入一个新的国家或地区时做出正确决策。不管企业规模大小如何，只要你的企业在国外市场已经小试牛刀，初尝成功的滋味，那你就需要考虑以下三个问题：

1. 你是否在投资新市场的同时还对现有市场有资本投入？过度分散资源存在风险。

2. 你是否在投资新市场的时候撤出了对现有市场的投资？这就意味着将更多的资源倾注到了新市场上。而现有市场的客户基础、美誉度和国际品牌影响力又该何去何从？

3. 你是否在对新市场投资的同时对现有市场增加了投资额度？如果现有市场已经取得了一些成功，那么增大投资力度或许可以锦上添花，取得更大的成功。

在区域国际化方面取得巨大成功的企业已经摸索总结出了一套成功的范

式。它们首要的目标就是提高扩张的速度和扩大扩张的范围。你是想继续在现有的市场扩张？还是想向一个新的市场继续扩张？制定一个清晰的一致的企业全球化战略，对于国内和国外的业务发展都是至关重要的。企业要想将全球化经营的成功范式推广应用到一个新的地区，需要寻求全球化业务拓展的关键部门的跨部门支持：

* 市场；
* 销售；
* 客户支持。

首席执行官应该出现在母国团队吗？如果是处于起步阶段的企业或者初创企业，答案毫无疑问是肯定的。小型的初创企业毕竟资源有限，所以充分利用现有资源就显得非常重要。而成功的中等规模的企业则有不同的选择，首席执行官可能在母国团队中也可能不在，这都取决于企业的规模大小。中等规模的企业进行全球化业务拓展，必须与企业的发展目标协调一致。在大型企业，母国团队通常包括部门领导而不是首席执行官。更大型的企业的部门则有更大的经营自主权，自负盈亏，其具体运行更像是一个独立的子公司。

"局外人"适合出现在母国团队吗？招募一些看起来不相关的人进入团队：寻找有激情的人。国际业务往往是从一个贸易展览会或者一通打给企业的简单的电话开始的。正是因为看到了潜在的合作可能性，有意促成这些合作的人才会在第一时间和你联系。即使这个人看起来和几近完美的团队气质不符，也要让他或她继续保持对于企业全球化拓展的热情和关注。因为企业最初的国际业务就是这个看起来并不完美的但却直接面向客户的团队成员联系和促成的。而且他可能会带来对你的企业国际化业务拓展有利的新想法和其他国际业务联系。

队友为何而来

人们加入母国团队可能是出于各种各样的原因。想办法弄清楚他们的理由和动机。这些理由和动机可能是个人因素、社会因素和组织因素的复合体。而这个复合体则可能受一个由欲望和需要组成的同等的复合体驱动，继而转化成实际行动。如果你对成员加入团队的理由和动机了如指掌，并针对性地为他们安排适合的工作和任务，对其潜力加以开发，那么团队的每个成员都会对其工作全力以赴。构建团队"4C 原则"中的交流沟通对于团队成员之间的关系和谐至关重要。

"因为这听起来真的很有趣！"很明显是出于个人爱好。这可以理解，因为每个人都喜欢做一些能够自得其乐的事情。当一个人通过做自己喜欢的事情获得满足感时，通常会为之付出额外的时间和努力。或许，他们加入团队的动机仅仅是想抓住处理国际业务的机会趁机旅游。毕竟，去开罗出差听起来要比去克利夫兰出差让人兴奋多了。反之，人们会躲开那些不喜欢的事情，并最终退出。

小心那些仅仅是出于寻求乐趣而不是真的要为团队工作贡献力量的人。

"我可以帮忙！"是出于私人动机的另一个表现。这类人因为拥有分享或获取知识、技能和能力的本领，所以想要参与其中。这类人能够在特定情境下表现得很好，是受自我展现的欲望的驱动。内在驱动力可能来自使用语言技能、重温过去驾轻就熟的技艺，或者学习新的知识和技能的欲望。表现欲驱动的人才热爱参与，当事情变得棘手，对他们来说是个挑战，或者他们对于自己的角色定位不够清晰时，他们可能就会撂挑子退出。要激励这类成员，就要回到"4C"法宝，通过达成共识，通力合作，争取那些愿意解决问题的人，积极帮助客户满足需要。

小心以自我为中心和傲慢自负的人——这些人没有正确地评估自己的实际能力。

"这听起来不错！"是那些出于社会和组织动机加入团队的人会说的。一个人受社会和组织动机驱动的原因有很多：想要获得别人的认同，来自同龄人的压力，以及社会规范的影响。对于这类人来说，加入这个团队的好处可能就是给他们的简历上增添了浓墨重彩的一笔，还有可以获得同龄人的认同、从同龄人中脱颖而出，或许还可以获得升职加薪。如果他们发现加入团队没有想象中的那么好，或者直接看不到加入之后相较于同龄人的价值，这些人极有可能大声嚷嚷着转到其他方向。或者如果这些人觉得自己的努力得不到相应的认可，也有可能选择退出。用"4C 原则"来说的话，达成共识这一点对这些人来说应该是非常重要的。

小心那些既贪婪又自我的人，因为他们完全可能是想搭全球化的顺风车以增加自己的价值和重要性。

"我喜欢加入一个伟大的团队！"是另一种出于社会或者组织动机加入团队的人会说的。这些人乐意和自己信任、尊重和喜欢的人一起工作。喜欢从事一项会给自己带来积极影响的事业。他们觉得一个好的团队的力量要比自己一个人的力量强大。既然他们是因为喜欢在伟大团队的感觉而加入团队的，那么他们对于身在团队为自己带来的荣誉感、认可度和自己对于团队的贡献就很看重。成为开拓国际市场的先锋人物和精英团队的一分子，或许是他们想要加入团队的动机。如果他们对团队本身产生怀疑，或者觉得当前他们所从事的工作缺乏足够的组织支持，他们可能就不会全力以赴。或者刚开始还在积极参与，后来就干脆退出了。那么，4C 原则中的通力合作对于这一类型的成员就显得非常重要。

小心那些厌倦了现在的工作想要搭一下顺风车赶下一个潮流的人。

母国团队的成员当初选择加入团队的理由和动机都是复杂的。一些人选择加入，是因为他们想要为企业的成长、扩张和加速发展做出自己的贡献。如果碰到这类人，那就毫不犹豫地把他们招进团队中来吧。还有一些人加入团队的原因更动人，他们想要陪伴企业的产品和服务走向国际化，亲眼看见企业的全球化目标实现。如果碰到这类人，同样不要有任何犹疑，把他们吸纳到团队里吧。总之，你能在企业内找到的支持者要比你想象中的还要多。

谨防"坏事者"

内在影响可以是积极的，能够对你有所帮助，加快你进入国际市场的步伐。它也可以是消极的，会对你有不利影响，减缓你的进度或者干脆让你停滞不前。这些影响是以多种形式出现的，可以出现在组织的各个层面，而且它们的性质难以判断。

积极的影响者通常是推荐人和助力者；他们就站在你的背后，为你提供需要的支持，直到把事情做好。他们可以为团队提供重要的信息，发现机会，并帮助团队避开障碍。他们希望你成功，因为好的生意都是互惠的，你的成功就是他们的成功，不管是直接还是间接地来看。

消极的影响者或许在刚开始的时候，只是保持中立或者不表态的人。但之后这些人就会成为团队全球化努力的反对者、看门人、否决者甚至敌人。这些人，我们都称之为"坏事者"，而这类人是不适合加入你的团队的。尤其这个团队是你苦心经营企业很久之后，在做出开拓国际市场决定的情况下成立的。这类"坏事者"可能是个"他"或"她"。不同态度的影响者对团队的影响见表4-2。

出众的人物和伟大的企业要想成就大事，需要其他人的支持，需要随时感受这些支持者身上的积极向上和正能量。正如我们之前所说的，建筑师需要建筑商、承包商和业主的支持。运动员需要教练、竞争者和团队的支持。科学家需要实验室、科学期刊、合作伙伴和科学界这个大环境的支持。音乐家需要音乐媒体、乐器和听众的支持。作者需要编辑、出版商和读者的支持。总之，要想成就大事就必须重视交流沟通、达成共识和通力合作。

表 4-2 　　　　　　　　　积极、中性、消极影响者

影响	特征
积极影响者	与你合作，愿意投入时间和努力 认为项目对他们本人、企业或者该行业至关重要 提供信息和协助 希望项目成功
中性影响者	愿意投入时间去了解你的项目 迟疑，无任何偏好或者感觉矛盾 认识不到价值所在 似乎认同项目会成功
"坏事者" 消极影响者	不合作且不共享信息 认为变化对他们本人或者企业是有害的 跟你对着干或者无所事事 可能公开或不公开自己的立场

让你的身边充满积极的影响者吧。这会让你受益无穷。

不过也不要盲目乐观。做好准备，"坏事者"也在等待企业迈入国际市场的时刻到来。可以确定，"坏事者"不是你会第一时间想到的人。他们可能并不显眼，当然也不会身处企业组织结构的高层。

企业实现全球化最大的障碍、干预其实来自企业内部。有的"干预"原是出于好意，而有的则完完全全是有预谋的破坏。当心！小心"坏事者"对企业全球化业务的破坏。

"坏事者"肯定会主动找上门来的。

"坏事者"可能会以不同的形式出现。

不切实际的期望，对于成功实现企业进军国际市场的目标也是一种破坏。不切实际的期望，可能会在成员有机会展示进步之前，扼杀他们为了企业实现国际化全力以赴的激情。企业国际化要想取得成功，其中一个非常重要的因素就是要设定现实的奋斗目标和期望。在一个新的国家开展销售业务所需时间要比任何人期望的都要长。当然，增加销量所需时间也比预期的要长。因此，要设定合理的预期。用 4C 原则来说，就是要重视交流沟通："留有余地的承诺和尽善尽美的实现。"

对企业国际化缺乏清晰认识其实也是一种破坏行为。缺乏一个清晰并有效传达的国际化战略，可能会扰乱你国际化的步伐，从工程设计到订单处理都会受影响。清晰地向你的员工传达企业的战略、目标和计划。内容不需要过细，只需让他们明白进行国际扩张是对企业和员工未来的一种承诺。只要把利害关系讲清楚了，团队成员是会配合你的工作的。

在你进行国际化扩张过程中，可能会出现管理层面的阻挠。"我们一直都是这样做的，也很成功啊！为什么要改变？"这种基于传统模式，不愿变革的想法则是另一种破坏形式。沟通不畅和管理流程不佳，可能会加深这类员工对你倡导的全球化机遇的反感和抵制。试着从他们的角度出发，理解他们预想的各种风险。可能你漏掉了某些重要的东西，需要解决。更可能的是，你已经采取了重要的风险降低措施，只是他们不知道罢了。对此，可以酌情通过让他们参与特定会议，参与某些决定，获得他们的认同。

那些"怀疑先生"不想让合作伙伴（如登山向导）参与企业国际化，或者对其持怀疑态度，同样会使企业的国际化进程减缓或者停滞。这些不信任具体表现在两个方面："怀疑先生"不相信企业的国际合作伙伴有足够的能力把工作做好，或者认为这些合作伙伴的目的不纯。要想让"怀疑先生"支持企业的国际化工作，就必须举出登山向导——国际合作伙伴——在已经取得的成功中展现的非凡能力。与"怀疑先生"就登山向导的技能要求和工作目标进行沟通和交流。从而在企业国际化合作的总体目标上与之达成共识，交流行动方案，共享成果，以解其后顾之忧。

尽你最大的努力去理解为什么上述几类人会处于这样的消极位置。男性和女性一样，都有可能会有这些消极的想法。了解影响他们立场的因素会帮助你最小化、中和，甚至完全消除这些消极影响。重读"队友为何而来"部分，你或许就会想出一些减轻消极想法影响的主意。4C 原则提供了直截了当地减轻或者消除"坏事者"影响的办法。

现实一些。这是我们在实现企业全球化的过程中必须要经历的。我们也会有令人沮丧和充满挑战的艰难时刻。好的坏的、收益损失，以及关注的焦点和分散注意力的东西，对于企业最终实现全球化都是一笔不可多得的财富。

同驻地国建立信任

一个国家，多种文化

尤其是企业第一次在全球市场拓展业务，更是困难重重。其中一个主要的挑战就是与当地合作伙伴、中间商、客户和政府机构建立信任。关于挑战性项目的故事并不罕见。同样，也有很多故事讲述了通过开明的方式和不懈努力进军海外市场的动人成就。

你把你的产品和服务推介到了另一个国家。经过多次跨文化合作，你就会明白了解跨文化价值和原则的重要性，而这恰恰是与各方建立信任的关键一步。如果不具备跨文化交际的相关知识和技能，想与各方建立信任犹如天方夜谭。

丹尼尔·特纳的故事

丹尼尔签约代表一家美国 IT 科技企业参与科威特实施的国家基础设施建设项目。该项目的目标宏伟，志在同时实现全国范围内的电信、天然气、电力、水、污水和产权的现代化和一体化管理。按照当时的物价计算，该项目耗资超过了 1 亿美元。

科威特政府想要并且有实力购买世界上最好的 IT 产品和服务，包括：

* 德国人精准的规范；

* 日本人严谨的管理；

* 美国人创新的技术。

项目从一开始就注定需要多国参与。科威特方面委托一家德国咨询企业来撰写项目规范。项目规范被发往世界各地进行公开招标。参与竞标的都是来自北美、欧洲和亚洲的跨国企业。一家大型日本企业被选为主要的承包商，而且可以预见的是，它的竞标包括了日本技术的供应。然而，科威特政府规定，他们只接受一家美国企业关于计算机技术的投标。

准确来说，以部落为基础的科威特文化尊崇的是建立在互相信任的核心集团基础上的权力。科威特人除了那些紧密团结的集团组织之外，很少信任别人。除非这些外来组织团队久经考验，获得了科威特人真诚的敬佩和共鸣。

另一方面，日本人的管理是要求高度协作化的，所以员工的参与度很高。随着时间的推移，日本人会对多次合作的伙伴和信誉度较好的企业张开自己信任的怀抱。

美国的管理风格（至少从表面上是这样）是相对快速地与商业伙伴和合作者建立信任，直到有一天这种信任被破坏甚至不复存在。美国的这种管理方式有利于快速决策，但是潜在的风险比科威特和日本企业文化中能够接受的风险要高得多。

这个项目参与者除了德国工程师、日本承包商和美国技术供应商之外，还有一家签约负责制图（地图制作）的波兰企业，负责中层管理和数据收集的印度团队，以及一个负责数据录入的巴勒斯坦团队。当然，科威特人代表其政府对项目进行全面的管理。简言之，这个国家级的基础设施建设项目已然变成了一个由来自七个不同文化背景的组织和团队共同完成的工程。

在项目建设初期，各方都认为风险是可控的。科威特和美国的政治关系良好，英语也是业务合作的官方语言，科威特方面也特别珍视美国的相关技术产品和服务。

丹尼尔是美国技术供应商的项目经理和系统顾问。他喜欢并信任这个包含多元文化的团队。因为该企业的技术是整个项目的一个重要组成部分，丹尼尔决定搬到科威特以履行这个为期五年的项目。所有的关键部分似乎都已各就各位。

但在科威特，合作项目很快陷入了跨文化的误解和冲突的泥潭，无法自拔。参与该项目的各方缺乏信任。

因为这个项目要想在各个方面都取得成功，就必须在科威特政府、日本承包商和丹尼尔的企业之间建立互信。文化不同，管理风格和方式也是迥然不同的，尤其是当今世界经济渐趋一体化，文化冲突更是显著。

项目成功推进困难重重，跨文化合作的鸿沟难以逾越。这些问题一度威胁着整个项目的正常运行。在项目进行到一半的时候，由于交货延迟过于严重，经济处罚问题开始出现。这一问题的出现，也标志着整个项目的运行落到了冰点。科威特政府根据项目开始前事先商定的合同条款，突然叫停了日本承包商的数百万美元的工程进度款。为了应对这一问题，日本承包商派了一个高级管理人员代表团前往科威特，以处理经济处罚问题。

会议召开的日期、时间和地点都已确定。按照日本的习俗（也是义务），日本的高管们都准时到了。

科威特的政府官员，一如往常，姗姗来迟。随着时间慢慢流逝，日本高管们开始担心，科威特的官员可能根本不会露面，这引起了日本代表们的恐慌（因为他们对于中东地区实际情况并不熟悉）。

终于，一名科威特高级经理到了，刚到会场就要求来自日本的代表们解释为何他们会出现在科威特。这是他开始对话协商的方式，目的就在于强调他的"主人翁"地位。而来自日本的高管代表们则用一种截然不同的方式来解读他的行为和言论。

奇怪的是，在阿拉伯和日本文化中有一些神话和传说，可以增进互相了解，缓解当前紧张尴尬的气氛。但是，科威特的夏天，气温超过了 100 华氏度，还有数百万美元的款项面临收回失败的危险（更不用说事业受损的危险了），那些所谓的历史悠久的寓言和传说的教育意义也显得不那么重要了。

应科威特政府的要求，丹尼尔担任起了一个中间人的角色。负责帮助解决科威特方面、日本承包商和美国技术供应商方面因关系失调而引起的问题。如果问题未能妥善解决，那么日本承包商就将是最大的受害者。如果项目最终取得成功，那么日本供应商就是最大的赢家。总之，科威特政府之所以对丹尼尔提出这样的要求，就是觉得丹尼尔所处的位置最适合和各方沟通、可以从中斡旋并解决问题。

因为深受各方信任，丹尼尔从原来服务的美国科技企业被转派到与日本承包商一起奋战的岗位。

解决这个问题是一个艰巨的任务和挑战。因此，丹尼尔工作小心谨慎，从来不提出"强制性实施"的解决方案，而是慢慢地促进各方之间的交流沟通和理解包容，增进互信。他鼓励每个参与方敞开怀抱接纳其他人，同时也利用外交手段有技巧地把那些不同背景的人团结起来。丹尼尔的成功很大程度上就在于他让各方了解"使得项目成功运行"的好处，而不是继续关注那些既已存在的问题和耽于互相指责。

最后，项目取得圆满成功。经济处罚取消，预计五年完成的项目，虽比截止日期延迟了半年，但是最终花费控制在预算范围内，基本和按时完成一样成功。

丹尼尔在接下来 30 年的职业生涯里，续写了无数解决跨文化合作问题的神话，成功事迹遍布世界各地。他是一个国际商务发展方面的专家，专门负责帮助各种规模的企业开拓新市场、应对跨文化的挑战，最后实现企业国际化的目标。

信任是一种难以建立却容易丢失的无形财产。在大多数（如果不是全部的话）的全球商业关系中，信任是至关重要的。但是，如果没有不同文化间的相互理解，信任就不可能建立。而这种跨文化的理解，并不仅仅是指如何握手和出示名片。

正如丹尼尔所言，可笑的是，项目刚完成不久，科威特就被伊拉克入侵。该项目所有的 IT 设备资源都被伊拉克士兵掠夺殆尽。他们开着敞开式的军用卡车在科威特城和巴格达之间近 350 英里（约 563 千米）长的、颠簸的、风沙肆虐的公路上往返运输。大型磁盘驱动器、数据包，最先进的图形工作站以及一组 VAX 计算机（之前保存在干净的、温度受到严格控制的环境中），所有这些东西最后都成了一堆垃圾，这也使得这个项目的美方获得了解脱。

商业成功的关键在于抓住客户。最开始的一些大胆尝试和试用新产品的客户，会帮你验证你的商业模式是否成功，并给予推荐，从而启动你在驻地国的销售。之后的早期产品采用者和早期客户同样也会帮新产品造势，为你们提供产品推广的助推力。此后，你还要寻求在驻地国扩大市场份额。

在带领企业开拓国际市场的过程中，失败往往是被热情冲昏了头脑和扩张速度过快造成的。在一个国家成功吸引到了第一批大胆尝试新产品的客户，兴奋之余，你就开始着手在邻近国家推销产品，丝毫不顾企业尚未建立稳固的基本市场的事实。如果在"跨越文化鸿沟"之前就急于进行市场扩张，那么企业的国际化发展注定是要失败的。

这个过程大概是遵循了杰弗里·摩尔（Geoffrey Moore）在他的《跨越文化鸿沟》（*Crossing the Chasm*）一书中概述的技术采用生命周期理论。要找到和吸引第一批愿意大胆尝试新产品的人太难了。而如何大范围的打开市场，抓住早期的多数客户更是难上加难。即使这些困难都克服了，许多企业还是会在如何成功地吸引市场上大部分客户购买产品，从而为产品造势这一环节上失败。摩尔更关注具有颠覆性或非连续性技术的发展，但是这背后隐藏的信息还是一样的：每次只关注一个客户群体。首先是创新者，然后是早期的产品使用者，其次是较早的大多数，再次是较晚的大多数，最后是被购买潮流落在后面的人。

信任的桥梁需要在最初的客户和市场扩张之间建立起来。

客户为何而来

客户，不论是个人还是企业，归根结底都是有思想的人。企业只不过是一群拥有共同商业目标的人的集合。人们做一件事情有各种各样的原因。

如果你不了解潜在客户想要什么、需要什么以及珍视什么，那你就没办法向他们推销任何东西。正如我们之前在第 1 章中谈到的，如果你明白产品的价值差距和"四个为什么"背后真正的内容，你就可以增加产品销售量，进而在短时间内迅速夺取市场份额。如果你不了解驻地国价值以及"四个为什么"，那么当客户想要了解影响和结果时，你可能仅仅是在罗列产品的功能和特点。

客户做出购买决定的原因和动机是复杂的。市场上有很多专门研究客户购买商品动机和原因的相关书籍，比如经典的《策略销售》（*Strategic Selling*）、现代的《销售入门》（*Selling for Dummies*）和大量的销售指南。客户购买商品的理由和动机是个人和组织因素的复杂的混合体。最常见的理由和动机有以下六种：

第一种是客户觉得"这可以帮我解决问题"。客户发现自己存在某方面的问题，刚好某个商品可以解决这个问题（弥补缺陷）。说到这个，一个最典型的例子就是："我刚好头疼，你刚好有止疼药（阿司匹林）。"客户很可能早就知道自己有问题、有需求，也可能毫无头绪。如果是这样的话，就需要你的引导。引导客户需要时间。所以，就需要我们把引导客户的理念贯彻到市场营销计划和销售周期中去。

第二种是客户觉得"在彩虹的尽头藏着一罐金子"。这种说法是对客户有很强的欲望，或渴望通过购买商品得到回报的心态的形象描述。客户认为，购买你的产品可以有高收益高回报（这些高水平的回报包括财富、权力、社会地位、形象声誉或者其他）。在企业对企业的销售模式中，这种欲望就是通过购买产品提高企业利润或者增加企业收入。许多提高企业产能和个人工作效率的工具就是出于这个动机购买的。当然，健康方面的产品也是这样。

第三种是客户觉得"如果现在不买，等到需要时再买就晚了"，即出于害怕恐惧的心理而购买产品——恐惧营销。恐惧营销涉及的产品范围很广，从清洁产品、瓶装水到网络安全，恐惧营销都影响巨大。客户心中的恐惧恰恰成为激励他们购买商品的动力。生活中，到处可见各种提醒我们小心真实存在的或者潜在的危险的广告。有时候，就是那种"错过这次机会，这辈子就再也不可能遇上"的恐惧心理刺激着客户购买商品。而把恐惧营销用到企业对企业的购买上，可以说是对于竞争对手会领先于自己使用某产品的恐惧，促使他们下决心购买。而对于普通客户来说，是对于清洁、安全和寿命的担心和不确定，诱使他们购买商品。

第四种是客户觉得"这让人感觉很美妙"，所以就买了。深谙此道的商家，就此推出了很多增加客户美妙体验的产品和服务，比如，周到舒适的假期旅行服务，温馨美观的家居装饰产品，以及迎合客户兴趣爱好的服务和产品。当苹果公司推出第一款 iPhone 时，从性能来说，它比不上销量第一的诺基亚，但是就用户界面和用户体验来说，iPhone 绝对是独一无二的。苹果手机以它赏心悦目的外观和美妙的用户体验，赢得了客户的喜爱。不出五年时间，诺基亚从销售榜首跌落，而苹果成了第一。在任何行业或者经济领域，高端消费品都可以这样定位。

第五种是客户本着"这看起来很好"这样的想法，购买某个商品。这说明客户是被产品外观形象吸引，或者说是受虚荣心驱使做出购买某种商品的选择。而这也推动了产品从品牌形象、外观的美观度，以及持久耐用性等各个方面不断升级更新。而客户往往容易被那种倡导积极正面的品牌理念的产品吸引。苹果公司就是看到了这一点，并加以利用，才有了后来的 iPhone。在企业对企业的模式中，这种动机催生了购买太阳能、处理废水和推进"绿色项目"的意愿。而普通消费者产品生产者更是深谙此道，努力让产品好用又好看，增加用户的满意度。这也是为什么化妆品行业的产值竟然能到达 650 亿美元的原因。

第六种就是客户"大家都买，所以我也买"的从众消费心理。这句话反映了那些客户购买产品纯属跟风随大流。如果跟对潮流，不管是企业对企业的产品还是面向普通客户的产品，都会为你带来极大的收益。我们曾在第 1 章"形势是助攻吗"部分探讨过追赶潮流的重要性。媒体、知名人士、行业分析师和社交媒体都是潮流的推动者。

客户选择购买一件产品的理由和动机有很多。你越是能够更好地了解潜在客户的购买动机，就越能有效地打入新市场。

证明自身价值

促进成功的原则是：践行承诺，超出预期。这是对于如何建立信任、高质量满足客户体验的最好回答。为客户提供 PoC 服务来证明你的产品和服务的价值，可以最有效地赢取他们的信任。

PoC 客户协议有四大类别：退款保障、条件性购买、部分预付、试用和免费使用。

*退款保障：客户购买产品和服务之后，享有一段可以不满意就全额退款的窗口

期。退款理由可以是主观的（"好像不是特别满意"），也可以是客观的（比如性能问题）。这种协议方式最适合低成本产品和生活消费品。

* 条件性购买：经过协商，在产品和服务达到相应标准的基础上，有条件地购买产品和服务。通常来说，不用预付款项，但购买协议已经被执行了。你的企业将在特定日期，或当产品或服务达到某些基准时付款。

* 部分预付：客户同意提前支付部分安装费用，在客户协议成功完成后再支付剩余款项。实际上，这是一种按照具体的日期或基准来确定支付进度的方法。这代表客户对成果很期待。对于希望在新国家使用你的产品和服务的本国客户来说，预付部分款项是一种很棒的客户协议。

* 试用或免费使用：客户无须任何花费或履行任何义务即可享受产品或服务。这就需要再一次的销售过程把试用和免费商品转换成真正的买卖。这造成了时间上的延长。如果提前确定好时间和成功的标准就可以缩短完成交易的时间。如果免费版产品或服务不包含重要的产品特征，那么这种转化就会更快。根据我们的经验，一旦过了试用期，这种转化就更加困难。由试用版转为付费版的比例根据行业有所不同，并且可能会低于预期。因为很多客户通常会选择不再使用或者使用免费版"凑合"。

罗伯特和珍妮特倾向于部分预付款和条件性购买的客户协议，因为完成交易所需要的细节在协议生效之前就已经齐备了。软件、应用和其他同类商品非常适合免费使用这一策略。

退款保障在消费者市场中或对低成本产品来说非常实用，但是在 B2B 交易和贵重商品交易中并不流行。

试用是罗伯特和珍妮特最不喜欢的，因为它需要两个完整的、会大大拖慢交易进度的商业流程。第一个是 PoC，第二个是最终的购买。

无论你如何选择，都要争取让客户、你的企业和登山向导共赢。

无论你如何完成 PoC，如果可能的话，让你的企业消耗的时间和开支得到弥补。PoC 不是为了赚取利润，而是建立信任、验证你的价值主张，并建立良好的客户回馈基础。试着赚回全部或部分基础开支，别把家底赔光。

PoC 流程有四个基本目标：

1. 设定目的和目标；

2. 准备与客户沟通；

3. 进行售卖；

4. 把控 PoC 的实施过程，为成功做准备。

你的第一批 PoC 客户是那些易于接受新事物，乐于为你的未经广泛证实的产品冒险的人。请看附录三以了解更多细节。

斯蒂芬妮（Stephanie）为 TolpaTek 公司的亚历克斯工作，工作地点在费城。她和她的团队专注于采用经典的美国风格的三十天周期销售模式，营销一套独特的 TolpaTek 公司的产品。在打开西班牙市场时，她和她的团队发现在西班牙需要花更多的时间在预估、确认和完成 PoC 上。实际上，在西班牙售出 PoC 要花三个月——是在美国花费的时间的三倍。多亏了登山向导贾维尔（Javier）已经到位，不然这一过程可能会拖得更久。

斯蒂芬妮去了西班牙五次，试图在这三个月的时间里售出 PoC——有一次是和亚历克斯一起去的，两次是和销售专家一起。她还决定要在当地打造公司的演示能力，这需要量身打造，并且可以为公司的 PoC 提供支持。初期投入要比以往更高，一部分原因是来来回回的机票钱，但斯蒂芬妮知道为了在西班牙有个开门红，这点钱花得很值。

啊！忘了提斯蒂芬妮的新协议和以欧元结算的账务把财务部和负责订单管理的同事也逼疯了。完成了第一个 PoC 交易后，她就让母国团队开始行动。好消息是：出口其实并不难。在美国，准备 PoC 只需要大概一个礼拜，但在西班牙差不多得 30 天。

最初的 PoC 设定的时长是 30 天的试用期，但斯蒂芬妮不得不把它延长整整两倍。延长的原因有很多：技术因素、当地节假日，其他有利于客户关系的因素，等等。因此，30 天变成了三个月！

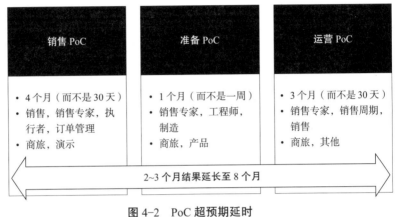

在美国市场通常为 60 天到 90 天的 PoC 时长，在西班牙则变成了八个月（详见图 4-2）。

销售 PoC	准备 PoC	运营 PoC
• 4 个月（而不是 30 天） • 销售，销售专家，执行者，订单管理 • 商旅，演示	• 1 个月（而不是一周） • 销售专家，工程师，制造 • 商旅，产品	• 3 个月（而不是 30 天） • 销售专家，销售周期，销售 • 商旅，其他

2~3 个月结果延长至 8 个月

图 4-2　PoC 超预期延时

斯蒂芬妮不得不向亚历克斯和 CEO 解释，并且西班牙第一年的销售预期只能调低。幸运的是，每个人都理解这是获得经验的必经之路。现在你可以从她的经验中寻找他山之石。

时间会花得比你想象的更多。设立合理的、脚踏实地的目标，这样你不会达不成目标，也无须向上司"辩解"。在打开一个新国家的市场时，可以预见的是最初的一桩生意大概会比一般的交易时间长两到四倍，有时候还不止。汤姆·皮特（Tom Peters）是《寻找非凡》（*In Search of Excellence*）一书的联合作者，他对此有着真知灼见：少承诺，多做事。斯蒂芬妮的好消息是 PoC 成功了。所以空降西班牙成功了，接着是葡萄牙，然后就是其他欧洲国家了。

第一批 PoC 客户对你的企业来说是无价之宝。PoC 使用并验证了很多重要的事情，对你在当地日后的成功非常重要。PoC 核查了一系列关键因素并回答了一些重要的问题：

* 需要为了可操作性更改设计吗？

* 在当地出售产品或服务的重点是什么？

* 对买家来说什么是重要的？

* 我们能在当地市场建立信用体制吗？

* 你了解市场需求吗？

* 你能为这个市场确定一个低风险的投资方案吗？

成为 PoC 客户对客户自身的价值：

* 解决了客户之前不能解决的问题；

* 使他们在市场中处于领先地位；

* 为客户或是他 / 她的业务创造了经济利益；

* 帮助客户改进工作流程；

* 帮助客户利用之前无法利用的全球能力；

* 为个人或商业交易降低了风险。

吸引关注

当你进入一个新国家时，要摸索出能帮你打入新市场的策略。你需要引起注意，并打出知名度。当地客户需要知道你的产品为他们提供了新的选项。

谋取登山向导和市场部的协助，不要怕开口请求帮忙。市场部是规划市场营销活动的专家，而登山向导了解当地的特殊情况。要清楚你的目标。

你应该全力专注于最初的"吸引关注"计划。它需要的预算并不多，但需要你面对面、手把手地亲力亲为。

为了能尽快成功地吸引关注，你要对目标了然于胸。吸引关注的目的在于寻找你和登山向导可以接近的客户。第一批客户是那些敢于创新、乐于接受的人。然后关注市场动态，以吸引愿意与你合作、证明当地市场价值、敢率先吃螃蟹的当地客户。

心急吃不了热豆腐。先定一个小目标，你要试着去引起一批经过精挑细选的早期商品或服务采用者的关注。在当地市场站稳脚跟以后，会有另一个综合的、完整的市场营销方案。

你应当通过面对面的会议来完善"吸引关注"计划。美国人和美国企业乐意从陌生人那里买东西，但是世界上其他地方的人不吃那一套，他们会面对面地做生意。你将会和那些希望了解你的为人、彼此相互信任、得到你的承诺的人共事。你的登山向导可以帮助你制订面对面的"吸引关注"计划。

最要紧的事是和有希望的客户面对面进行会议，无论是一对一还是一对多。如果你能找来足够多的人，那么为特定的对象来一场私下的展示，会带来不错的效果。听众可能不多，但他们的注意力会全部集中在你的企业和你所提供的一切上。你也可以邀请新闻工作者、行业观察家或媒体专家出席，毕竟来点自由的新闻报道是最好的！根据于你所出售的产品和服务，驻地国的大使馆可能会帮你安排私人活动。图4-3是"吸引关注"计划可能涉及的方面。

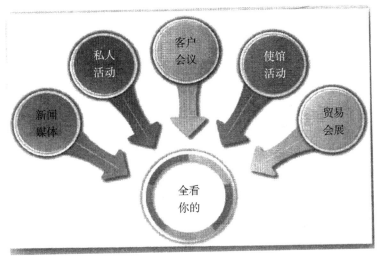

图 4-3　吸引关注

贸易会展也许是不错的投石问路之选，但是其他渴求被关注的企业也会从客户的注意力中分一杯羹。所以，要听取登山向导的建议，请他运筹帷幄各项事务。

国外的新闻媒体也可以成为你"吸引关注"计划的一大助力。就像四两拨千斤一样，很少的一点钱可以为你带来巨大的回报。营销文案、新闻通稿，以及意见领袖的噱头都可以帮你获得知名度。可以去报社转转（在国外，报纸仍然是传播信息的重要手段），特别是如果你的企业在行业内口碑极好的话。你还可以和媒体合作采访高管或专家。

B2C 企业应该重视发展针对社交媒体的市场计划。世界上不只有美国人在上网，70% 的 Twitter 用户和 83% 的 Facebook 用户来自海外。如果你的客户想用社交媒体来一探究竟，请不要让他们失望。B2B、B2P（针对个人消费者型企业）和 B2G 企业也应该充分利用适合行业的社交媒体来吸引关注。

考虑一下行动时间。合理安排你的产品上市时间，避免和当地生意流程、季节以及习俗发生冲突。商业周期、购买周期还有生活周期影响着生意的潮起潮落。这个道理很简单：别闷头猛冲，要注意减速带。

12 月的智利正值夏季，在这个基督教氛围浓厚的国家的夏日假期和圣诞节期间，你想引起决策者的注意比较难。在印度的一些地区，大约在 7 月前后的雨季会造成交通不便。在每年特定的一段时间里，伊斯兰国家（比如马来西亚），庆祝斋月和开斋节的活动会让购货经理们对你的故事失去些许兴致。参考登山向导专业的知识来帮助你瞄准时机，以便最好地利用当地的商业周期。

这里有五条罗伯特关于成功举行"吸引关注"会议的"黄金原则"。

* **准备工作不能打折扣**。在准备面对面会议时，提前将议程表和备忘录发出去。询问要增添的主题，但议程表要自己制定。

* **从一开始就建立双向关系**。先请被邀请的人或企业发言，这是一种尊重它们的表现，也有助于填补你的知识空白。罗伯特发现，如果被拒绝，这往往是一种关系不平衡或无法双赢的预兆。留出足够的讨论时间。会议开始时，可以有十分钟的闲聊和介绍。如果是一小时的会议，限制主题内容为 20 分钟，并允许有 20 至 30 分钟的时间展开双向讨论。

* **展示诚意**。尽管英语是大多数国家的商务语言，但用英语进行演示时，搭配使用当地语言的简单附件，可以说明你对当地市场的诚意。或者你也可以把你的演示文稿翻译成对象国语言，同时分发包括英文和当地语言的发言复印件，以留作后续阅读。在中国、日本或韩国，使用印有当地文字的名片会有意外的惊喜。你的展示和附属文件均可以使用英文。你可以向登山向导寻求最佳做法。

* **让展示和宣讲内容相连通**。如果可以的话，请你的登山向导在产品展示或者宣讲时使用当地语言，顺带引用几个当地的故事，这会引起客户更深的共鸣。以当地语言进行产品演示，为你的产品的当地版本已经就绪提供了一个微妙的例证。

* **表达感谢**。礼尚往来是全世界通用的不成文规矩。礼物应该小而独特，富于内涵，最好有你的企业的 Logo，但没必要很贵。每次会议后都发一张感谢卡，可以用电子邮件或者邮寄信件。向你的登山向导询问最佳策略。在亚洲许多国家里，礼物的面子比礼物更重要，礼物要包装精美！

设计在新市场中吸引关注的策略。注意基本原则，把握天时地利，甚至来一波高压攻势。让他们兴奋起来。

商业常识

客户是皇上或者皇后，反正是坐在金銮殿里的主儿。

即使你不信这个，客户也信。所以，要像伺候皇上一样伺候他们。

客户被伺候舒服了，交易过程就快了。一场明确的交易要以客户的购买过程为重。它在客户遍历其决策过程时映射到客户的需求，并在他们评估你的报

价和调查选项时协助他们。客户想要在他们可接受范围之内做出决定。定义明确的销售过程可以博得客户的信任。

从自动化销售（SFA）或客户关系管理（CRM）中概述的美国销售流程开始（可以登录诸如 Salesforce.com 或 SugarCRM.com 等网站进行咨询）。请登山向导详细查看过程，并要求他 / 她指出当地的考虑因素或差异。在美国，典型的 B2B 销售流程基本上都是这个五步流程（见下图 4-4）。

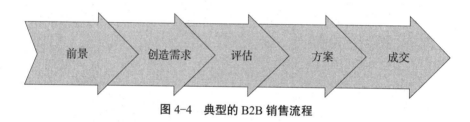

前景　创造需求　评估　方案　成交

图 4-4　典型的 B2B 销售流程

美国有很多帮助企业取得成功的营销工具和技术，这是一个绝佳的起点。但是，你要有心理准备，新国家的销售流程可能不太一样。你的登山向导会协助你评估这个过程。当你在驻地国积累一定的经验后，就能确定什么方法是最有效的。你希望销售流程能够本地化：

* **前景**。一开始你就应该按名字亲自挑选潜在的 PoC 客户。你可以利用登山向导的商业关系网中的联系人，而且个人介绍是最好的切入点。

* **创造需求**。也许叫它创造并不合适，说成发现需要更好。要了解当地人如何看待对你的产品的需求，这非常重要。客户是否充分意识到了他们的需求？是否需要在当地进行一些需求引导？当地的潜在客户可能有你的产品可以解决的问题，但他们不知道有这个解决方案。他们甚至可能不知道他们有问题。相较于其他重要因素而言，客户会将你的产品视为首选吗？客户是否有现在就想要采取行动的紧迫感？

* **写一份谅解备忘录**。在国外，谅解备忘录是很常见的。谅解备忘录就像一本

"概念提案"。它提供一个"使用案例"来概述客户的业务将如何使用你的产品或服务，并将从中受益。谅解备忘录由客户在内部使用，用来确认理解无误，并建立内部支持，推进生意发展。它没有约束力，仅仅表明你想和他们一起做生意。谅解备忘录也用于外部——作为新闻稿发布。它让你的关系、价值观和企业更加透明。附录四包含对谅解备忘录更详细的描述。国际 B2B 销售流程如下图：

前景　　创造需求　　谅解备忘录　　评估　　PoC 提案　　成交

图 4-5　典型的国际 B2B 销售流程

* **评估客户**。在任何的销售过程的任何阶段，客户都会被评估。客户有购买的意愿和能力吗？你和有购买权的人接触过吗？客户做购买决定的侧重点和本国有所不同。确定客户是真的需要你的产品，并且潜在客户手里有钱买你的产品。不早早做评估，同样是花费宝贵的时间和资源，别人能够成就梦想，而到你这里只能是噩梦。

* **介绍 PoC 提案**。罗伯特和珍妮特在其他国家的经验是，提案通常应分为两个单独的文件来呈现给客户。一份文件包含你为特定项目准备的具体技术和实施细节，而第二份文件包含定价和条款。将它们分为两个单独文件的原因是它们将由两个不同的工作人员进行审查和批准。这种双文档方法很适合 PoC 提案。技术细节就是技术细节；定价和条款概述了协议的持续时间、成功标准和付款条件。

* **成交**。充分协商、达成交易。这是建立长期商业关系和敲开驻地国市场的第一步。

这不是一个一招鲜吃遍天的世界，你在本国的销售流程为你提供了一个良好的开端。但要做好心理准备，每个国家都会有当地的变数。西班牙与意大利不一样，欧洲和印度也不一样。

评估信任度

1. 建立母国团队信任

（1）你的愿景和使命是什么？下一阶段企业的国际扩张计划目标是什么？写下来。它可能是简单的几笔："让（你的企业）在（目标国家 / 地区）成为（无论做什么行业）的（领头羊 / 革新者 / 领先者）。"

（2）评估在关键部门或这些部门中的主要参与者对这项事业的投入力度。你正在把企业带向新的国际市场，你需要他们的帮助和支持。他们投入的力度是弱、一般，还是很强？

* 财务部——承担处理新的币种、关税和订单等问题；

* 工程部——承担技术调适和合规任务；

* 产品营销部——承担产品改造和本地化任务；

* 市场部——承担在驻地国的产品定位，发布信息和促销；

* 售后服务部——致力于解决时区问题和满足当地需求；

* 首席执行官和管理团队——致力于在战略上保持一致。

看清谁在与你同舟共济，谁在想把你的小船打翻。

* 列出三个最积极的参与者。

_____

_____

_____

* 列出三个最来事的捣蛋鬼。

_____

_____

_____

* 找出三位目前保持中立但你希望争取他们加入团队的有影响力的人。

_____

_____

_____

评估行动计划：为三类母国团队人员各自制订计划。争取做到 4C 原则：有效沟通、达成共识，相互协作和职责清晰。

* 你可以采取什么行动来让有影响力的支持者勇于奉献、保持热情并助你一臂之力？

* 你可以做些什么来改变反对派的意见或立场？也许他或她的没有足够的或正确的信息。是否对一些个人或组织的风险的认识需要澄清？也许还有一些事业上的嫉妒心。他们可能只是害怕未知？如果你不能改变他们的想法，就想办法抵消或减少负面意见的破坏作用。

* 哪些活动可以让中立人士积极参与？你怎么才能拉他们上船？也许热情的支持者可以对此提供帮助。

2. 建立客户信任

（1）你的"吸引关注"计划是什么？计划中有什么？计划中没有什么？什么需要更多的调查？该计划可能涵盖：

* 一对一的客户会议；

* 贸易会展；

* 私人活动；

* 展示；

* 使馆活动；

* 媒体 / 新闻；

* 其他。

（2）现在贵公司在本国的销售程序如何？这个程序一定记录在某个文件中：在客户关系管理文件里、销售培训里、营销计划里或者其他什么地方。弄清楚流程的环节、进入 / 退出标准、各个阶段持续时长，等等。如果你的销售流程没有被记录下来，那么现在是时候开始记录了！

（3）如果你目前在本国以外的地区销售，销售过程如何因国家 / 地区而异？如果本国以外的销售流程没有记录在案，现在是时候着手完成这件事了。你可以要求在国外的销售人员为你代劳。这将是你计划中进入一个新国家的难得的起点，可以帮助你确定进入这个新国家所需进行的改变。

（4）你和你的登山向导认为哪种客户协议在当地最有效？为什么？

☐ 退款保障；

☐ 条件性购买；

☐ 部分预付；

☐ 试用或免费使用；

☐ 其他；

☐ 无须 PoC。

（5）利用你以前的经验。贵公司以前在哪里使用过这种 PoC 方法？结果如何？

* 持续时间或周期时间；

* 成交价；

* 客户忠诚度。

第 5 章

打算进军全球吗

那一刻，掌声如雷，似乎永远不会停止——尽管实际只有短短几秒，但时间仿佛停在了那一刻。兴奋的观众们把所有的目光都集中在他身上。但这掌声和喝彩声不仅仅是给他一个人的，也是给他的团队的。亚历克斯不禁想起了自己在少年棒球联合会里和高中径赛的跑道上越过终点线的珍贵时刻。只不过这次他不是在高中的运动会上率先冲线，而是站在 TolpaTek 公司在纽约证交所上市时的大台上。

那是多年以前的事了，但兴奋的感觉从未退去。亚历克斯自豪于成为 TolpaTek 公司团队的核心，无论当时还是现在。TolpaTek 公司的成长得益于其在美国不断地开辟新市场，现在它正走在企业国际化之路上。公司收到了大量来自东南亚的问询。亚历克斯决定从新加坡打入东南亚市场。因为英语是新加坡的商业语言，所以没有语言障碍，但需要调整产品以满足行业监管要求。在头两年，TolpaTek 公司增加了许多新客户，并能够为多国客户提供服务。这使得公司在东南亚占据了一席之地。并且，回报率超过了预期。

新加坡市场是稳定的（不增长也不下跌），这样，TolpaTek 公司就建立了一个可盈利业务来支持其自身的运营。以此为基础，它们有了一个探索其他东南亚市场的平台。TolpaTek 公司开始在澳大利亚和菲律宾向跨国企业销售"来自英语世界"的产品（复合类产品）。

随着生意日益兴隆，亚历克斯开始有余力把业务向印度、新西兰和巴基斯坦拓展了（大多是混合经营）。明智的投资帮助 TolpaTek 公司赢得了很高的回报率，并用混合经营的方式使企业国际化，打开了新市场。

你是胜者吗

在国际商业中取胜需要哪些意志品质和技能素养？罗伯特和珍妮特常常被问及："成功者是什么样的？"

这本书的目的就是要让企业国际业务的成功更多地依靠科学，而不是艺术。任何人都做得到。不过，有几个特点会提升你获得成功的机会。

渴望。你有内驱力吗？你必须渴望成功。渴望在国际上取得成功将会成倍增加你成功的概率。你渴望旅行吗？你真的喜欢它吗？你的简历上有全球的游历经验吗？

一位真正的国际业务领袖会行动起来，寻找可行之路，并决不放弃。这些优秀的人会倾尽全力来征服困难。

领导力。你有清晰可信的远见吗？乐观精神是会传染的，它和远大目标一样，会激励人们加入你的团队。足够乐观的人能够看得到减速带后面的宽阔大道。

即使不知道如何获得成功，你也能在脑海里描绘成功的样貌吗？

想要带球奔跑的领导者会激励其他人一起冲线得分。他们既是乐观主义者，也是实践主义者。领导力是规避风险、捕捉机会的基础，也是直面艰险的意志体现。国际商业领袖乐于锻炼自己，也热衷于寻求帮助和构建团队。

跨越式思考。你能跨越职务、行业和文化的边界吗？你能看到被别人忽略的、看似不同的元素之间的联系吗？你是追求和谐大同，还是独树一帜？你看到了路还是墙？你的非同凡想能得到新的有用成果吗？你敢跨出舒适区去解决问题吗？

非常成功的国际商业领袖不是因循守旧者，他们能让不自然的关系变得亲密而舒适。正是这种善于跨越障碍的能力使得他们能在新市场里建立有价值的新关系。他们有长远的眼光、独特的韧性、缜密的思维和开放的心态。他们可以轻松地驾驭巨大的组织，玩转众多的行业，适应文化的差异。

诚信。你必须从本质来说诚实、可靠、可信——欺人者自欺之。你是真心实意的吗？你能遵守自己许下的诺言吗？你能坚持自己的原则吗？

诚实是建立与维护信任的基石。它意味着对你自己和共事的同伴实事求是。成功的国际商业领袖会做正确的事情，即使不那么容易，也要将偏见和个人喜好放在一边。

态度决定一切

乐观思考，畅想成功，速战速决。这是人类的普遍定律：态度必须端正。你的态度决定了你的职业发展所能到达的高度。你可以有傲骨，但不要傲慢。这就是为什么你要带领你的企业走向国际化，不管这是你在本国以外的第一次尝试，还是只是把另一个国家加入你的全球扩张清单而已。

不要盯着石头看：要看它旁边的路。每个山地车手或摩托车骑手都知道，如果你盯着这块岩石，就会撞上去。"主导思想"原理表明，大多数情况下我们都是沿着主导思想前行的。乐观思考，你就能在全球成功的道路上避开险阻，高歌前进。困于消极的想法，你的全球化进程就会变慢，屡屡碰壁。

乐观的态度有助于吸引母国团队、登山向导、合作伙伴和客户。你的态度会帮助你跨越短期的障碍和挫折。它的作用如此明显吗？是的，就是如此明显。积极思考并不是一个新概念，这里只是做一个提醒。直到今日，积极思考仍然是自古以来的好传统。

你能看得到成功么？你能否想象在你将要进入的国家取得成功的情景？一直以来，这都是你的长期目标。但是，不止于此，你能看见它吗？你能预见驻地国对你的产品或服务的接受程度吗？你的产品和服务将如何提高你将进入国家的政府、行业、企业和民众的个人的、专业的和经济价值？你真的可以预见你在国际业务上的成功吗？

优化投资

这本书是为你在国际上的成功所做的投资。你投资了什么？你需要为了发展而投资。如果你想要拓展业务、打响招牌、扩大客户基础、提升自我价值，你就需要投资。

你的企业应该多投一点还是少投一点呢？这个问题的答案取决于你的目标。纵观我们这本书，我们谈论了目标、愿景和成果。我们相信人类每一次成功的奋斗背后，都有某种目标在支撑着。如果一支足球队不知道要努力多进球才能获胜，那会发生什么？如果一个高尔夫球手不知道最少几杆进洞才能赢得荣耀套装和大笔的奖金呢？

这是一个经典的风险与回报的权衡。基本原则是，潜在的回报随着风险的增加而增加。较低的不确定性（风险较低）意味着较低的潜在回报；相反，较高的不确定性（较高风险）与较高的潜在回报相关联。这个解释是有效的，但仅限于某一点。接受我们的四大概念：价值、减少风险、登山向导、信任，提升潜在回报。重要的是，你要为自己和企业寻找风险与回报之间的正确平衡点。

你想要让你的业务增长多少？以多快的速度增长？如果你想让你现有的业务在三五年间翻番，就要做好心理准备，在二五年内增加 50% 的投资。如果你希望稳扎稳打，少投资一些也是合理的。

你能承受多大的风险？发生损失的风险可能是一个多维的问题。投入的资本可能在新市场有所折损。从现有的、已取得成功的市场转向未知的、未经检验的市场时，可能会让一些策略变得无用武之地。也可能有投资不足、竞争者插足等问题。

你愿意花多少钱来冒险？编订头半年的预算，并为接下来的一年、一年半到两年提供应急开支预算。不要指望你的产品第一年就能大卖特卖，不过可以期待的是向你的 PoC 客户提供小额销售，为将来的销售奠定基础。

有目的地投资。通过投资来快速验证业务的可行性。通过投资来快速证明市场需求。把最初的投资用来减少 / 最小化或消除风险区域。掌握好平衡。用心去回答那些有助于更好地决定未来投资方向的问题。进入一个小市场与进入一个巨大的潜在市场需要的投资可能相同。先投资较大的市场可能是一种比较明智的做法。或者是你经过调查后发现，先通过小市场验证你的设想，然后再进军大市场是一种更好的方法。

拿投资策略来说，这是一个非常有力的对比。用自己的钱来投资时，你会考虑回报率和复合市场的力量。投资国际市场时也是如此。

* 你想要一个回报率高并且有持续增长潜力的市场，那就在一个你的市场渗透率和市场份额可以随着时间的推移而增长的市场投资。

* 如果市场也在不断增长，这有益于增强驻地国的复合市场的力量。当企业在驻地国可以自力更生，驻地国利润能够支持企业在驻地国的业务并为企业未来的增长提供资金时，复合市场的力量就实现了。

* 拥有复合力量的市场指的是某个成为周围国家市场门户的国家。比如说，你成功进入了德国，也就打开了欧洲市场；你成功进入了马来西亚，也就打开了东南亚市场。当一个国家的成功故事能在类似的国家或者周边市场创造需求时，复合市场的力量就实现了。复合市场的力量见图 5-1。

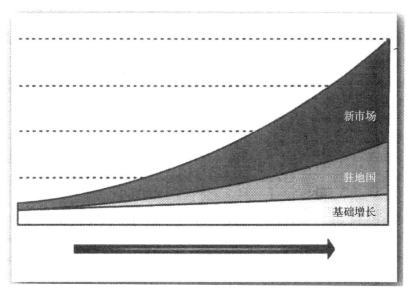

图 5-1　复合市场的魔力

无论是用自己的资金还是企业的资源，投资时都是存在危险的。如果你有这个意识，就可以避免常见的投资错误。以下是一些常见的投资错误。

* **错误一：什么也不做**。

  进入新市场时，你无法保证自己一定能成功，但是有一件事是板上钉钉的——不劳无获。

* **错误二：拖延**。

  延迟国际扩张并让竞争者抢占先机，会让你的国际增长计划变得更加困难和昂贵。先到者先得。

* **错误三：资本不足**。

  这里有几个需要考虑的问题。你的企业能够承受资本从核心业务撤离吗？你在新市场的投资足够达成目标么？你有足够的投资能力吗？

* **错误四：只看眼前**。

  你是在跑马拉松，不是百米冲刺。你有长期投资的意愿和能力吗？企业国际化并不是打开手电筒虚晃一下，你要一直照亮前方的路。

* **错误五：过于谨慎。**

  做好必要的功课，但不能卡壳在分析瘫痪上。同理，你可能因此失去先手或者无所作为。要心细，也要胆大。车开动了，如果方向不对我们可以让它转弯；车停着，我们就没有办法了。

* **错误六：过于冒险。**

  做好功课。做好尽职调查，降低风险。没有必要过于冒险。了解潜在的风险并评估你能合理承担多少。记住，你是拿企业的，也是你自己的声誉在冒险。

部分企业选择"不出去"

决定不做什么和决定做什么一样重要。所有企业的资源都是有限的，好钢要用在刀刃上。

企业选择不走出去的原因有很多，其中一些是合理的，有些则只是借口。这些决策涉及很多灰色的问题，理由可能同样是灰色的。有时候很难区分哪些是理性的，哪些是非理性的。无论做出什么决定，不管走出去还是相反，选择国际化的道路都是有风险的。

常见的企业选择不往外走的原因（或是借口？）如下：

* 语言障碍；
* 陌生的文化习惯和礼仪；
* 未知的当地法律和政治；
* 外国劳工法的限制；
* 担心国际化过程耗时而且复杂；
* 差旅费用增加并建立了新的事务；
* 难于选择可以信任的同伴；
* 可能会分散企业的资源。

所有这些原因都是正当的。但所有的这些问题都可以解决，风险可以降到最低。在本书中，我们会一起解决这些常见问题，帮助你确定哪些担心是合理的。

绝不要单凭"直觉"决定走出去还是不出去。相应的准备工作要做好。关于将业务推向国际市场的决策是否正确，请参考第 2 章给出的决策时需要着重考虑的因素。

珍妮特·格雷戈里的另一个小故事

珍妮特供职的一家企业的 CEO 是印度人。这位 CEO 与印度国内的企业家保持着牢固的关系，有着强大的可信关系网。尽管如此，印度却并不是他们进行国际推进的首选市场。因为他们的价值观不符合印度的客户需求，而且当时的印度市场也还不够大。即使企业有强大的国际根基和富有远见的领导层，在进入新市场之前，也必须做好适当的市场调研。

是的，许多其他国家使用的语言不同。但是，即使是英语，在澳大利亚和英国等英语国家也有所区别。这并不全是坏事：英语是公认的全球商业语言，而且短时间内只用英语也行得通。当你调查产品和服务的市场使用情况时，需要先解决语言问题，因此请务必留心。

无论是在国内还是国际，打开一个新的市场都需要投入资源、时间、金钱和人力。从一开始就做好你的开支管理非常重要，直到你真正找到市场需求。将一款成功的国内产品引进作为国际市场产品投放的起始大纲和指南，也许是有益的。查一下该引进产品的预算、产品计划、初步规划和实际效果。这一过程中会有新的问题需要提出和解决，但也会有许多相似之处。

想要成功国际化，有一个关键因素是，整个企业必须支持这个重要的决定。我们听过到太多的"让销售团队审查一下这个机会，然后我们会决定要做什么"的言论。把一个企业带向全球绝不仅仅是销售人员的任务，经理要出差，财务部门要用新的货币处理订单，工程和制造部门需要"本土化"产品，客服部门需要跨时区提供支持，等等。每一次探索新的国际市场都需要整个团队的支持。你甚至可以在雇员们之中找到一些隐藏的外语能力和人脉资源。

你的秘密武器是要找到一位登山向导，引导你摸清当地法律和习俗的门道。登山向导是你的国际战略中最重要的组成部分。寻找一个值得信赖的合作伙伴（或多个合作伙伴）对你的成功来说至关重要。

总之，收益会大大超出风险。我们希望本书对你来说是有趣的、好玩的和信息丰富的，能够为你在国际商业的海洋里导航。

如果你选择不进入国际市场，也没问题。以正确的理由做出决定，对自己和业务保持诚实。你今天可能会拒绝，但以后说不定要重新考虑说 Yes。

走出去还是不出去

第 1 章和第 2 章的目标是帮助你做出明智的决定——走出去还是不出去。评估并微调你的价值定位，同时研究重要数据来降低计划的风险，这样你就有了必要的信息来做正确的决定。做 / 不做的决策也可能随时间而变化。现在"不出去"并不影响你在各种因素都有利于你时，再做"走出去"的决定。

你的决定是掺杂感情的。你会为呈现在自己眼前的机会感到兴奋。你会期望个人、专业和组织都取得显著的增长。你也会担心，或者说是有些许焦虑，会有大量的出差，还有未知的、可能的失败。

你有各种事实来支持你的决定，不管是通过哪种方式。如果你遵循本书中简单的、基本的原则，你就有能力做出正确决策。事实只是事实。你在做出决定时，如何对事实进行分类？有些事实带有明显的导向性，而另一些事实则让你质疑自己的行动方向是否正确。

为你的决定求稳。决策因素、感情和事实的结合会带来持续的成功吗？珍妮特是一名飞行员，她知道用稳妥的方式才会有良好的着陆。她指出："你需要考虑高度、风速和计划；你可不想把它们一下子用光。"生意上也一样。以下是你做出决定时需要考虑的问题：

* 经济和政治环境是否稳定？如果你觉得在未来三到五年内一个国家的经济和政治环境中存在风险，那么对你的企业来说可能时机未到。

* 是否可预测进 / 出口活动？如果你预期在进入其他国家时，会有来自官僚机构和监管部门的障碍，那么最好选择从一个问题较少的国家入手。

* 购买过程有多复杂？如果很难确定资金来自何方或如何获得支付的授权，那么你可以转向更多可预测、阻力小的市场。你不想将决策过程不必要地延长，如果从一个国家拿出资金不容易的话，那就考虑一个更容易进入的市场，直到你有能力进入风险更复杂的市场。

罗伯特的另一个小故事

罗伯特不得不就是否走出去做出一个艰难的决定：巴西在教育、机器人和创新方面蓬勃发展，根据市场发展的阶段来看，打入巴西似乎是一个很棒的选择。但是，仔细检查后，罗伯特对它亮起了红灯。这个国家充满了官僚主义，难以找到资金来源，并且从这个国家把钱转出来会阻碍销售工作。罗伯特把企业的注意力转移到了韩国和斯堪的纳维亚半岛。在那里生意做得更直截了当。巴西目前已经不在考虑范围内，但在未来，当他的企业有足够的必要时间，能更好地建立运营时，巴西可能会是一个可行的选择。

这是一场马拉松，而非冲刺跑

这是一场为期两年的马拉松比赛。应该将其分为八个季度的冲刺。每个季度都要有目标、有目的和里程碑。或者你也可以将其视为你已签订的两年合同。你将如何彰显你取得的进步？进步、改变和发展的基准是什么？好！也许这是一场为期一年或三年的马拉松比赛，你将如何证明已经实现的价值？

表 5-1 是一个高水平示例，显示了 B2B 技术企业是如何按季度销售循环安排两年计划的。

表 5-1　　　　　　　　　　　　两年计划模板

进入新市场的两年计划	90 天冲刺行动预期
第一阶段 90 天冲刺 培训	• 选择登山向导和准备启程 • 备案价值定位 • 摸清竞争形势 • 最低营销限度：网站、抵押品、报告
第二阶段 90 天冲刺 缓缓启动	• 确认驻地国前景清单 • 首次客户见面 • 政府会晤：要求、激励
第三阶段 90 天冲刺 9 个月	• 销售预期中的 PoC 前景 • 确认定价和价值定位 • 物流、库存、支持计划
第四阶段 90 天冲刺 马拉松半程	• 成交和安顿第一批 PoC 客户 • 为早期客户和下一年预期筹划 • 物流、安置、支持流程准备妥当
第五阶段 90 天冲刺 陷入瓶颈	• 第一次进账，按客户需求调整 PoC • 抓住第一批客户 • 案例分析、参照、修改营销最低限度
第六阶段 90 天冲刺 步步为营	• 开发销售渠道 • 增加销售资源和要求创新
第七阶段 90 天冲刺 迎头赶上	• 持续增加收入 • 备案销售流程
第八阶段 90 天冲刺 火力全开	• 持续增加收入 • 首次客户论坛 / 驻地国用户群

在本国，在可靠的合作伙伴、有知名度的品牌和万事俱备的流程帮助下，

你需要多久才能成功发布一款新产品？请记住，在一个新的、一切都不确定的国家所需的时间和努力是它的三到四倍。如果在原来稳定的、有良好基础的市场里发布一款新产品要半年，估计在一个新的国际市场里要花一年半到两年的时间。

花三到四倍的时间并不意味着只要去那个国家三到四次就万事大吉；你和你的登山向导要亲力亲为，付出在本国进行类似活动所需的三到四倍的努力。要在新的国家引起关注，获得理解，并被广泛接受并不容易。你不只是推出一款新产品。你是在一个新的国家推广一家企业。这很复杂，也需要时间。

一名马拉松运动员一开始跑得并不快，他会控制自己的步调，以便在 42 千米内合理调节体力。跑步者不能全程冲刺，但可以深入挖掘潜能，并在必要时爆发和冲刺。一位经验丰富的跑步者知道冲刺可能会给身体造成过度压力，并导致引发"窒息"的风险，耗尽体力而不能跑完。在新国家开展业务也是如此，业务不会一蹴而就。即使你的老板要你加速前进，你也需要慢慢起步，设定一个可以控制的节奏。

这个过程看起来既快又慢。由于在本国的销售成功了，你已经知道了很多。将会有一段时间，感兴趣的客户之多和销售加速之快，令人难以置信：就像刮起了业务的"飓风"，我们非常喜欢这种感觉。然后，会有数周的时间没有任何事情发生。当你进入一个新的国家时，快速和慢速之间将会出现持续的拔河比赛：一方面新的销售加快，另一方面销售周期变长。

你要花费数年（或许数十年）的时间，才能将你的企业打造成今天的样子。如果用一年、一年半或是两年的时间，你就可以在一个新的国家开展业务，这听起来很不错，不是吗？

在向海外销售时，尤其是亚洲地区，事情会比计划需要更多的时间。在许多亚洲国家，都有团体决策的过程；它比单独做决策时需要的时间更长。例如，美国人和北欧人有一个"我的食物"的概念。这是在我的盘子里，只有我可以决定如何处理它。在亚洲以及世界其他许多地方，吃饭时，食物装在可以共享的大盘子里，再分别夹到碗里吃掉。业务上的类似之处在于，亚洲人喜欢首先解决潜在的问题，然后达成协议。美国人和北欧人将首先达成协议，然后找出如何解决这些问题的方法。

我们和你一样，是以目标为导向、行动迅捷的销售人员。我们很容易就想要在今天完成这一切：更努力地工作、工作更长的时间、设定更高的目标。我们可以把自己逼迫得更紧。我们有信念，我们有目标。这可能会持续一个月或两个月，或者可能是一两个季度，但会造成人员折损。你的母国团队减员，证实"坏事者"的怀疑终究是正确的。你的客队出现损失——包括你的登山向导、潜在的合作伙伴和潜在的客户。请记住……这些都是你的主队和客队的实实在在的人员。他们可能无法像你一样工作。你这样做甚至可能会激怒他们，然后他们不想和你一起工作。不要成为那种家伙，这只会让你和周围其他的人压力重重。

企业国际化的一部分工作是耐心地让这个过程以企业和新国家能够处理的速度展开。设定一个可控的步伐，并坚持走下去。然后，当你回顾这一年或一年半时，你会惊讶地发现，你已经完成了很多事情。

附录一 值得了解的基本常识

出门之前，先想好基本的个人需要和工作需要，避免犯下低级错误。如果你去的是发达国家，你会发现那儿的生活其实跟美国差不多，都有非常牢靠的基础设施。相反，你要是去新兴国家或发展中国家出差，则会遇到一些挑战，尤其是当你的工作所在地并非该国的首都，也非其大都市中心的时候。这种地方的基础设施可能会不稳定，或者不好用，甚至是没法用。下面是关于基础设施的一些小贴士：时区、距离、驻地国交通、电源转换器、手机服务和饮用水。

时区。计算时差能叫你脑袋抽筋。好在大部分智能手机里的时钟功能都能替你计算，此外你还可以用时区转换 App 来解决此事。罗伯特和珍妮特的笔记本电脑里都有这样一个 App，用于协助安排商务会议。如果你的运气足够好，可以根据个人喜好来选择国家或地区，那请以你的生物钟规律为准。如果你住在美国的西海岸，习惯早起，那就选择欧洲或中东的国家。如果你想保持朝九晚五的规律作息，那就考虑北部和南部一些时区相近的国家和地区，如加拿大、中美洲或南美洲。如果你是夜猫子，喜欢在晚上工作，那么亚洲、澳洲、都符合你的生物钟规律。时区转换工具有很多，选一个就好。

距离。是指时间和位置。说来也挺有意思，人们在一个被称作"飞机"的金属管里坐上数小时，抵达的那一刻只觉自己像回潮的椒盐脆饼。罗伯特通常选择经济舱，以缩减本就不多的差旅支出。为了在抵达后能随时投身工作，罗伯特的策略是选择靠过道的座位，带上安眠药、耳塞和眼罩；珍妮特则更喜欢窗边位置和褪黑素，但他们目的都一样：睡上一觉。你还会发现你的身体偏爱某个方向。对珍妮特来说，朝西走最适合她的生物钟。查查有哪些航班飞入 /

离该国，选择多个航班以降低误机的可能性，毕竟出于劳动纠纷或航空业自身的问题，总是会有航班延误的情况。选择直飞航班将提升你准点到达驻地国的概率。

驻地国的交通方式。想想那些会购买、使用你的产品的客户。你可能需要进行产品运输或派人前去服务客户。驻地国有哪些交通方式呢？火车、飞机、船只，还是汽车？影响你交通需求的因素有很多，包括业务要求、货品类型、储存方式、保险措施、目的地、费用、重量等。通常你会用到多种交通方式，这将带来一系列问题，包括转运、储存和安保。这时你可以向登山向导和本国团队求助，大家一起来探讨如何选择。目的在于使质量、成本、组织和时间达到平衡。

电源转换器和变压器。不用说，我们对电十分依赖。电能保证我们的小物件正常运作。在商务活动中，我们需要电来满足工作及个人需求；一次成功的商务旅行在方方面面都需要电，从电脑和智能手机到剃须刀和吹风机，都要用电。你需要什么样的电源适配器？你需要转换插头来改变插头的形状吗？还是需要既能改变插头形状又能改变电压或功率的转换插头呢？别担心，你不需要成为电学能手。上网查询相关资料，或去当地的电力器材店寻求帮助；在我们那儿就去百思买（Best Buy）或（美国）无线电器材公司（Radio Shack）。这能有效避免你所住酒店里的断路器和自己的电子设备被烧坏。哎呀！马上就要出门了你才想起来。没关系，国际航班候机厅里的电子产品店能帮你大忙，就是贵了点。

手机服务和网络服务。可靠的网络服务对你的差旅很重要，需要提前安排。我们离不开智能手机和笔记本电脑，因为网络可以让你与国内的企业和家人保持联系。网络对以下类型的产品尤为重要：操作型、服务型和报告型。网络的速度、带宽、可用性和可靠性对大多数行业都很重要，从高科技产品到农业设备皆是如此。你需要在离开美国前联系移动运营商办理国际服务。

饮用水。没有什么事比在商务旅途中生病更糟糕了。经水传播的细菌是最容易防备的。如果当地的水质一向达不到西方人的理想标准，那就喝瓶装水。在初级新兴国家的偏远地区，尤其要预防经水传播的细菌，具体做法是：洗澡时不张嘴，刷牙只用瓶装水。胃部问题能让你原本进展顺利的商务旅行戛然而止，而这太不值当了。

附录二　薪酬激励

酬答、激励登山向导的方式有很多。最常见的有以下几种：

* 佣金
* 定金
* 奖金
* 经费报销
* 其他激励措施

这些方式可单独使用，也可以混合使用，后者更为常见。

可能你不需要提醒……但还是要提醒你，薪酬机制应当是限时协议的一部分，这样方便在特定时期结束前对协议进行修订。

佣金

佣金是可变薪酬计划的一部分，以特定的财务目标为基础，具体有预定、收入、已收款。

佣金是酬答登山向导最常见的方式。罗伯特在跟登山向导谈判时总是开门见山地说明主要薪酬为佣金形式。如有可能，罗伯特会试着将方案谈为纯佣金制。这是一种简单的、以行动为导向的报酬形式，因为代理人的薪资来源于销售额的一部分。为避免含混不清，下面将根据订单状态进一步解释佣金的含义，具体有预定、收入、已收款。

预定佣金的适用情况为：订单已被企业接收且订单条款已通过。代理人完成本职工作后便可收到报酬，但交易并未完成。贵公司要承担订单取消、货运和托收带来的风险。如果从预定到收入确认之间还有一段较长的前置时间，登山向导因其任务已完成而可以拿到酬劳，但贵公司不会喜欢这一时间差。

收入佣金的适用情况为：收到的订单符合标准会计实务（SAP）中的收入确认标准。根据 SAP 或客户合同，对于产品，下列情况能达到收入确认标准：从原产地运出之时、正在运送中或正在安装中。对于服务性业务，达到收入确认标准的情况通常有：服务正在进行中或已完成之时。风险由登山向导和贵公司共同承担；登山向导的酬劳要延迟到贵公司确认收入后发放。

收款佣金的适用情况为：贵公司已收到用于支付订单的现金或金融资产。在与客户商定的合同中，可以说明付款时间为发货前、到货时或某些重要的时间点。登山向导的佣金于客户付款后发放。因此，登山向导承担了更多付款延迟的风险，只能指望贵公司可以准时交货和收款。

佣金式报酬的好处在于它是以结果为导向。在佣金的刺激下，登山向导动力十足，一心想要卖更多，因为他们卖得多就赚得多。缺陷在于，如果相对他们代理的其他产品，你的产品没那么好卖、销售周期更长，那他们可能会对你的产品失去兴趣，由此放弃努力。

佣金率随国家和产品的不同而不同。佣金率的设定比较复杂，其额度可以低至 2%，也可以高达 25%。考虑到定金、开支、企业利润率，罗伯特和珍妮特通常会采用 5% 至 10% 的佣金率。

佣金率还会随销售额的不同而变化，这能刺激代理人卖得更多。例如，可以设定销售额在 10 万美元以内时佣金率为 5%，在 10 万美元至 100 万美元时为 7%，高于 100 万美元时为 10%。

请公正对待你的登山向导。登山向导不仅是你在驻地国的商务联系人，还是贵公司的拓疆人。你选择的登山向导将直接影响到驻地国业务的成功率。

定金

用于提前支付某项工作的固定薪酬称为定金。我们使用"定金"一词以图方便，但贵公司可能会用其他术语来表达固定薪酬，像"保证金""津贴""开支"等。定金表示贵公司与登山向导就行动导向已达成一致。定金的支付方案最好是以工作协议中的具体工作为基础。正如我们在小节"制定协议"中所说，具体工作通常会在工作协议中说明。

定金通常用于支付律师服务或会计服务，以确保他们能在任何需要的时候提供服务。在雇佣关系中，定金表示登山向导与贵公司有了相互承诺，好比薪水表示全职员工得为企业卖力一样。定金介于一次性合同与全职聘用之间。

如果贵公司的声名响亮，可能都不需要支付定金。登山向导会将贵公司的名字印在名片上、带到商务活动中，并引以为荣。定金具有战略作用，尤其是它能有效防止你的登山向导同竞争对手合作。如果建立驻地国市场的时间比预计的要长，罗伯特就给纯雇佣制合作的登山向导补加定金，以免失去他的服务。

请详细说明定金所支付的预期工作，这一点很重要。珍妮特总是把工作预期写下来，并按月份或季度定时更新，最少也要每年更新一次；由此，工作协议变成了活文书。珍妮特一直采用行动导向型的定金制度，这能保证登山向导专注于工作成效，减小徒劳无获的可能性。服务需求会随时间而变化，对此你要做好心理准备。对登山向导的预期就是对其工作职责的描述，此外还包含管理目标及工作协议。

定金可以是固定的协议费率或可变的计时费率，这需要根据工作预期、岗位角色和管理目标来定。如果预期工作属于自主性质，且其强度足以收效，那么固定的协议费率会更好。可变的计时费率适用于易量化的、交易型的工作预期。根据工作需求，罗伯特和珍妮特通常采用固定的协议费率。

定金费率根据国家、代理人的专业水平、预期的工作量来定。定金费率通常是在当地全职工作工资水平的基础上增加 10% 至 50%。增幅越大，工作任务就更专业、更艰难。这说明要设定合理费用，就必须得做一些调查或研究。

举例说明：假设一位做同样工作的全职员工在当地的年薪为 50 000 美元，若增加 14% 作为福利，最终薪酬则为 57 000 美元。如果你希望代理人只花一半的时间为你工作，那么定金费用则为 28 500 美元一年。如果登山向导的工资是按月发放，那就将年收入除以 12 个月，最终的定金为每月 2 375 美元。计算方法如下图：

$57 000 ×	50%	= $28 500 ÷	12 月	= $2 375/ 月
年薪 ×	**定金费率** =	**聘用费** ÷	**薪水期** =	**聘用定金**
上浮	预期	年化	每年	每支付期

图 B-1　定金的计算方法

显然，这一算法中的所有数字都会根据情况的不同而变化：入驻国家、登山向导的工作角色、你需要的服务时间，以及工资结算周期。不过，你知道定金如何设定就行。

与企业合作时可采取类似的方法，尽管企业一般会有自己预先确定的一套服务定价方案。如果选择企业作为你的登山向导，这一计算方法依然能帮你预估和商议相对价值。

奖金

奖金通常是作为定金的补充进行发放，以奖励良好的工作表现或特定目标的达成，如安排会面、找到合格的向导、签下谅解备忘录或者获得 PoC 客户。

奖金能激励员工努力工作，达成重要的阶段性目标，这与涨工资有异曲同工之妙。可以把奖金纳入薪酬协议中，也可将其作为"惊喜大礼"来对员工出色的表现进行嘉奖。

如果登山向导要完成的任务属于非销售性质，那么奖金通常会作为薪酬的一部分进行发放。奖金应根据可量化的、具体的标准来设定，比如按时完成任务或超预期完成任务。具体任务与你的业务有关，包括：本地化、零售展示、安装、培训、保养等。

奖金还用于激励和奖赏高质量的工作表现。质量是主观的衡量手段。我们建议评奖的质量指标以可量化的因素为基础，如客户满意度调查或净推荐值。

对于登山向导在一段时期内提供的额外服务，应发放额外的奖金作为感谢。当企业已在某国由开创阶段过渡到运营阶段时，已不再需要登山向导的服务，这时还应发放期终奖金表示对其忠诚服务的友好感谢。好的登山向导在离岗后还能帮到你！

在开拓海外市场的初期，企业通常会结合定金和奖金来发放报酬，因为这个时期存在太多的未知因素。在国际销售周期仍是未知、针对驻地国客户的价值主张还未确立时，奖金可以作为一种可变薪酬来发放。奖金的发放可以基于创收活动或非创收活动。罗伯特和珍妮特经常在登山向导签下非约束性谅解备忘录时发放奖金，因为谅解备忘录在很多国家都是建立商务关系的重要文件，值得发放奖金以资鼓励。

奖金额度随表现预期类型的不同而变化，依国度的不同而不同。奖金的影响力应足够明显，以占据整个薪酬体系的重要部分。必须要保持奖金的合理性，以保证代理人在薪酬待遇方面与驻地国拿年薪的全职员工相称。

经费报销

经费报销是对员工在执行工作任务时所产生开支的补偿，这部分开支应由双方商定。

如果有报销需求，请提前商定合理的、符合报销标准的开支项目。在有的商务关系中，不存在经费报销；登山向导需将支出视作商务成本进行自付。在其他商务关系中，会有一系列合理的经费报销上限。经费有时需做定期预算或提前审批。报销项目的提交应符合本国员工使用的报销流程，可能要求提交收据或报销申请（报销目的陈述）。

对于多数登山向导来说，手机费、网费、办公费都不能报销，登山向导需将这些花费视作商务成本来自行承担。差旅费和交际费通常可以报销，且有相应标准来限定哪些项目可报销、哪些不可以，以及哪些需要提前审批。

其他激励措施

其他激励措施可以鼓舞士气、激发斗志，可用于对生产力的提升和优异的绩效进行奖励。

礼品是薪酬体系中常见的激励形式。礼品应该是对登山向导有价值的物品，其价值和种类千差万别，由奖励对象和奖励原因来定。常见的礼品多为个人用品，如：手表、平板电脑、会员卡、智能手机、珠宝、艺术品及其他珍贵的有形物品。商务礼品也备受重视，如：培训、会议和研讨会。

同僚中的声誉能彰显身份、展示优点。对员工突出表现的赞赏可以在企业内部或者外部进行。一般情况下，来自技术领域、行业内或商务伙伴等外部公众的认可都被视为高度赞誉。认可的表达形式可以是某种特殊身份或级别，比如奖章、奖杯或类似"黄金合作伙伴"的称号。它们可以通过名片、网络或者办公室来展现。公众认可的途径有很多，如：公告、新闻发布、推特、刊物发表、案例研究、Facebook 帖子及活动上的演讲安排。

奖励的形式有很多。在罗伯特和珍妮特看来，奖励旅游具有很好的激励作用。奖励旅游的目的地可以自行选择或定为贵公司的总部，费用全免。奖励旅游能将商务和娱乐结合良好，商务活动可结合下列形式来开展：培训、与企业的重要代理人会面、与其他优秀表现者聚会。

附录三　成功 PoC 所需完成的任务

PoC 任务 1：设定 PoC 的目标和目的

* 你同 PoC 客户的合作需要得到什么结果？
    - 确保产品功能满足客户期望。
    - 证实客户对产品的执行要求和操作要求都已满足。
    - 对驻地国客户的需求进行量化。
* 如何判定 PoC 是否成功？
    - 由你和你的企业判定。
    - 由你的登山向导判定。
    - 由你的 PoC 客户判定。
* 设定切合实际的预期。
    - 时间：产品引进和执行需要花多长时间？
    - 所需资源：人力、专业技术、基础设施等。
    - 资金：投资、意外开支等。

PoC 任务 2：为联系客户做准备

* 确定要联系的客户（源于登山向导的介绍和人际关系网）。
    - 垂直行业：确定最合适的细分行业。确认潜在客户的名字和地址。
    - 联系人：要联系的最合适的职能角色（按头衔）。先联系有需求且其痛点刚好是你的产品能解决的那批人。即使他们不是决策者和买家，也会把你介绍给合适的人。
    - 渠道伙伴（如果适用）：最合适的市场路线（经销商、零售商）、VAR（value-added resellers，增值分销商）、分销商或批发商。这些合作伙伴会协助你投递货物、执行方案和取得驻地国的支持。
* 准备展示和实用的销售工具。

- 产品示范（如果适用）。
- 辅助材料：网站、数据表与相关案例研究。
- 销售材料：电梯游说、展示、限定式问题、异议处理、竞争矩阵等。

* 设定 PoC 流程所涉及的各方人员的角色。

- 需要做什么？潜在客户开发、初次联系、销售流程、提案生成、协议谈判、交易达成等。
- 谁负责？登山向导、你、本部销售支持，销售工程师及其他合适的人选。

PoC 任务 3：干出点成绩来

* 创造效益，满足 PoC 预期。

* 将影响决策与 PoC 操作的人员团结起来。

* 准备 PoC 提案。

* 商定协议。

- 协议的关键内容在于共同建立成功标准。
- 你和客户如何判定协议 / 试营 / 试验是否成功？
- 你需要证明什么？为你所要证明的对象建立成功标准。产品可行。产品在驻地国可行。产品解决了驻地国客户的特定需求。

PoC 任务 4：监控 PoC 交付

* 确保售后的角色和职责已被很好地理解，在驻地国和国内皆须如此。这将包含从运输到交货，再到安装的所有细节。技术支持与用户支持的相关工作需指定相应的负责人。

* 在当地，登山向导将参与和监控交付流程，以确保其符合成功标准。登山向导可以定位客户以达成交易，但要记住，完成交易的人通常不是登山向导。你还需要一名系统工程师（SE）或客户支持代表来协助完成这一重要步骤。

* 登山向导协助你争得客户的同意，为你提供参考或支持完成案例研究、获得证明书及其他商业背书。这需要你的直接参与，有时还需要其他的企业经理参与其中。一旦获得客户的许可，市场部就应准备好收集信息以完成案例研究。

* 确定由谁负责交易的最终达成及购买行为的转化；可能是你、登山向导或驻地国的合作伙伴。

附录四 谅解备忘录

谅解备忘录是对工作、两方 / 多方关系的陈述。通常，双方通过握手便可以达成一个君子协议，谅解备忘录相当于"君子协议"的正式版。

由于谅解备忘录是关于贵公司入驻新国家的文件，所以贵公司应为当事人之一。其他当事人一般为潜在客户、合作伙伴或代理商。登山向导是你的代理人，因而登山向导通常不用签署该文件，除非登山向导是驻地国的当权机构，且其职权对谅解备忘录中概述的关系有重要意义。

谅解备忘录属于非约束性协议，从较高层面陈述了双方期望达到的目标。谅解备忘录的签订通常先于正式的、具有法律约束力的协议。该文件能促使各方带着诚意开始朝他们陈述的目标努力。海外法定协议可以另找时间完成。法定协议包括了法律"四角"：要约、承诺、约因（如用钱换取产品或服务）和成立法律关系的意图。

正如我们所强调的，谅解备忘录在很多国家备受重视。根据谅解备忘录的特质，签署文件时需要有当地的政要和媒体在场。谅解备忘录签署完毕后会有相应的新闻稿发布。

罗伯特·帕尔斯坦的故事

罗伯特有许多关于签订谅解备忘录的精彩故事。有一次，签订谅解备忘录时正处于双方关系建立的初期，合作伙伴为未来的日本增值分销商。谅解备忘录象征着双方的承诺、结盟和共同愿望。在日本文化中，一段关系的确定需要很多人参与审查并达成一致。

　　增值分销商组织了一场有媒体参与的签署活动。谅解备忘录不仅大力促进了增值分销商内部组织对关系发展的支持，还增加了企业在客户前的曝光率，最终成就了一段长久而成功的商务关系。

作者后记

我们无比感谢你陪伴我们走完这段旅程。你已经抵达了这本书的终点，但这只是一个新的起点！我们希望能为你提供灵感和策略，以帮助你进入新的市场，并激励你以热情的心来展开国际业务。

世界已经改变。我们和全世界的人才一起生活在全球化的经济中。商业机会存在于我们的国境之内，也存在于国境之外。通过审慎的方法在国外拓展业务，你可以管理好海外的复杂业务，并以高标准实现盈利。

关键是要做好功课调研，建立价值，最大限度地降低风险，寻找登山向导，并在业务扩展时到国外市场建立诚信形象。为此，我们希望我们的工具、方法和实践想法能帮助你参与竞争并赢得胜利！

以下是几条最后的建议，它们可以帮助你理解我们的想法和措施。将它们与你的专业风格相匹配。把它们塑造融合成让你保持有动力的样子。

* **与客户联系**。

    强势出击，小步前进。
* **做好你的功课和准备**。

    规划行动，选好目标，设定步伐节奏。
* **找一位好的登山向导**。

    找一位有号召力的，会成为你的良师益友的登山向导。
* **做一名可靠的守护者**。

    – 相信整个过程。相信你的团队。信任客户。

    – 众心齐，泰山移。

行动起来，要迅速！将书本上的知识变成你自己的想法。世界正在飞速发展，所以要尽快将你的想法变成实际行动。起初你可能会觉得有些不知所措，但是凭借决心和目标感，你的技能会得到提高。你因此拥有了今天的成就，这也将展示给你令人惊喜的明天。

你将在滂沱大雨，闷热浪潮和暴风雪中幸免于难。现实的条件可能并不理想，但你已经着手实现目标。你必须要真正地渴望它，才能让自己和你的团队迈向终点线或山顶。保持清晰的视野；了解必经之路，避开悬崖。保持敏捷，绕开绊脚石，忠于自我。

成功的跑步者和徒步旅行者知道，如果他们没有花时间进行适当的训练，他们将在赛道上或在某座山的一侧付出代价。为了取得最好的结果，他们有对目标的展望、获胜的动力、避开障碍的灵动和坚持到底的韧性。

优秀的运动员会听取可以帮助他们学习的专业人士的建议。尽管我们为穿越终点的一个个运动员加油，但实际上他们每个人都有一支队伍支持和激励他们。

强以立身，打造你的团队，并为全球化来打造你的企业。这将是你的简历中色彩浓重的一笔，并且你将获得持续一生的私人和工作友谊。你的团队和企业会感谢你扩展了他们的视野。

成功不是一蹴而就的。这需要时间，所以坚持下去。保持灵活性并在必要时改变方向。估计你会偶尔错过一个步骤，但请保持专注于你的国际目标。你可以在全球市场里取得有意义的个人和职业的成功。

更重要的是，在国际商业中取得成功需要坚韧不拔的精神。罗伯特跑了几次半程马拉松，珍妮特登上了一些有趣的山峰。把你的企业带上国际化的轨道也是一样的——这既令人兴奋，也让人望而生畏，它会让你拼尽全力。

千里之行，始于足下；九层之台，起于垒土。本书为你规划好了接下来的每一步，请脚踏实地，你终将走上国际化之路。

译者后记

无论会遇到什么样的阻隔，经济全球化都是当今世界不可逆转的发展潮流，并且已经对世界经济和政治格局产生了重要影响。中国在经济方面实行改革开放政策和走出去的发展战略。近年来，"一带一路"倡议的提出意味着中国将以更加积极的姿态全面地参与到经济全球化的进程中来。面对这样的经济形势，中国企业的发展已不能仅仅满足于眼前的一方天地了，必须走出去，去迎接经济全球化的浪潮。

但是，对于大多数从未涉足国际业务的企业来说，究竟如何走出去？如何在企业走向国际化的过程中合理地规避各种风险，进而实现企业自身的增值与发展？如何面对企业全球化过程中出现的各种各样的问题？这都需要我们给出清晰可行的答案。而本书的初衷就是从帮助企业了解最新的国际商业实况开始，让企业通过评估清楚了解自身的状况，确定企业国际化的战略，进而一步一步开始企业国际化的进程。本书的写作逻辑严密，内容扎实、完整，实践性强，为企业的管理者和决策者开展企业国际化进程提供了全新的思维方式和行动指南。

作为一本企业战略发展方面的指导书，本书的内容并不枯燥，各章节的内容都以场景化的方式展开。在本书的前言部分，作者就设计了这样一个场景：在制定企业发展计划的年会上，公司决定开始拓展国际市场。这一重担落到了一位经理亚历克斯身上。重担在肩，却是头一次涉足国际事务的他该从何开始呢？由此开始，本书探讨了企业国际化过程中面临的几个核心问题：1. 如何增加价值？即如何为新市场的客户提供新的价值，同时如何提升企业自身的价值；2. 如何准确评估企业走向国际市场所面临的风险，并有效化解这些风险？

这其中既有企业在拓展国内新市场时所遇到的风险，也有不同于国内市场的一系列新的风险；3. 走向陌生的国际市场就像攀登一座充满险阻的高山，降低风险的途径之一是寻求当地登山向导的助力，那么如何寻找一位适合的向导？如何以适合的方式与其展开合作？ 4. 企业要将业务拓展到国外的新市场，就必须在当地建立新的合作伙伴关系和客户关系。那么企业如何获得他们的信任？同时，国外团队如何得到公司母国团队的信任和支持，使国际业务的大后方更加稳固有力？所有的这些问题都能在本书中找到详细的解答。

说到这本书的翻译出版的缘起，就不得不提一个登山向导似的平台：硅谷国际。它是一个建立在美国加州的 501C（3）非营利组织，旨在推进中美两国之间的贸易往来、项目投资、优质教育资源共享、各领域间的人才交流、技术交流以及政府之间友好关系的建立。硅谷国际主席崔增娣博士与两位作者相识多年，对他们在硅谷创业创新方面的成功非常钦佩。当得知本书在美国出版的消息，崔博士认为本书契合了经济全球化的大势，而中国企业走向世界已成历史的必然，这本书将有助于中国企业走向国际的探索。因此崔博士策划了本书在中国的翻译和出版。两位作者也应邀到硅谷国际创立的新硅谷离岸孵化中心（该中心主要为投资者、企业家、相关政府部门提供的服务）考察访问，共同谋划如何进一步促进中美的经济文化交流。

该中心不仅提供现代、多功能的灵活办公空间及会议中心，同时也提供各种专业服务，包括人力资源和 IT 方面的支持、基本法律咨询、金融服务和投资机会等。通过定期举办各种热门专题论坛、讲座和社交联络活动，将来自中美两国的优质企业、院校、组织、投资者等有效地联结在一起，使得各方能够在创新和合作的工作环境里更好地实现资源共享。

硅谷国际在为中美两国间经贸、科技和教育的成功对接搭建实体平台，建立顺畅渠道，并构建稳固的双赢桥梁方面取得了很好的成效，可以说是对本书中所描述的登山向导的作用的一个非常典型的印证。

　　经过多次的探讨与努力，最终本书在两位作者以及其他各方的支持下得以面世。我们希望它能在中国企业走向国际化的过程中能为企业的决策者尽一份力，帮助中国企业走向更加辉煌的未来。

　　最后，对参与本书翻译的译者高小云、杨梦、刘开竹、冯瑞红、张智健、杨阳表示感谢。全书由蒋兰校对、崔增娣和徐鹏统筹。限于译者水平，译文中难免有错误和疏漏之处，真诚欢迎广大读者批评指正。

北京阅想时代文化发展有限责任公司为中国人民大学出版社有限公司下属的商业新知事业部，致力于经管类优秀出版物（外版书为主）的策划及出版，主要涉及经济管理、金融、投资理财、心理学、成功励志、生活等出版领域，下设"阅想·商业""阅想·财富""阅想·新知""阅想·心理""阅想·生活"以及"阅想·人文"等多条产品线。致力于为国内商业人士提供涵盖先进、前沿的管理理念和思想的专业类图书和趋势类图书，同时也为满足商业人士的内心诉求，打造一系列提倡心理和生活健康的心理学图书和生活管理类图书。

《啮合创业：在斯坦福学创业规划》

- 哈佛、斯坦福顶级学府、清华 x-lab 创新创业指南。
- 首创啮合创业模型，超实用工具包，九大齿轮协调共进，循序渐进，助力创新创业。

《创业生存记：如何经营好一家初创企业》

- 一本写给创业者的实战生存指南。
- 从启动、融资到退出，美国麻省理工博士用自己的 10 年创业奋斗史、56 条忠告手把手教你迈向成功创业之路。

《精益创业：打造大公司的创新殖民地》

- 微软精益创业培训，湖南卫视专题报道，北大创业营推荐。
- 埃里克·莱斯精益创业理念的落地与实践。
- 帮助企业消除内部创新的"绊脚石"，释放企业创新创业的无限可能。

《引爆快乐：迪士尼王国的经营魔法》

- 《财富》杂志"年度最佳商业图书"。
- 世界上最著名的迪士尼研究专家为你揭开全球商业经营的神话缔造者迪士尼的成功秘诀。

《零售无界：新零售革命的未来》

- 面对行业剧变的零售界经营者的生存指南。
- 加拿大销售专家帮你了解和建立新型零售生态系统。

《商业模式设计新生代：如何设计一门好生意》

- Business Models Inc. 大中华区执行总裁、战略设计师倾力推荐。
- 全球 50 位精英创业家、战略设计师和思想领袖手把手教你设计出一门持续赚钱的好生意。